本科专业评估的
理论与应用研究

樊晓杰 师玉生 林荣日 著

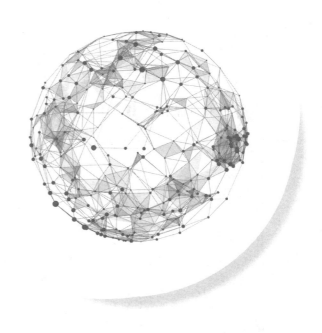

华东师范大学出版社
·上海·

图书在版编目(CIP)数据

本科专业评估的理论与应用研究/樊晓杰,师玉生,林荣日著.—上海:华东师范大学出版社,2025.
ISBN 978-7-5760-5997-7

Ⅰ.G649.28
中国国家版本馆 CIP 数据核字第 2025QH6430 号

本科专业评估的理论与应用研究

著　　者　樊晓杰　师玉生　林荣日
策划编辑　彭呈军
责任编辑　孙　娟
特约审读　王莲华
责任校对　马晟佳　时东明
装帧设计　卢晓红

出版发行　华东师范大学出版社
社　　址　上海市中山北路 3663 号　邮编 200062
网　　址　www.ecnupress.com.cn
电　　话　021-60821666　行政传真 021-62572105
客服电话　021-62865537　门市(邮购)电话 021-62869887
地　　址　上海市中山北路 3663 号华东师范大学校内先锋路口
网　　店　http://hdsdcbs.tmall.com

印　刷　者　浙江临安曙光印务有限公司
开　　本　787 毫米×1092 毫米　1/16
印　　张　13.25
字　　数　230 千字
版　　次　2025 年 7 月第 1 版
印　　次　2025 年 7 月第 1 次
书　　号　ISBN 978-7-5760-5997-7
定　　价　56.00 元

出 版 人　王　焰

(如发现本版图书有印订质量问题,请寄回本社客服中心调换或电话 021-62865537 联系)

目　录

前　言

　　近 20 多年来,我国曾多次开展高校专业评估活动。这些评估活动既有政府组织实施的,也有一些社会第三方机构独立组织的。政府或其委托单位组织实施的专业评估活动,一般都带有一定的行政色彩,其评估的价值取向、评估目的、评估原则、评估指标体系和方案设计等可能体现了政府意志或管理意向,目的在于引导、规范、约束和监督高校的教育教学等各方面工作,从而提高学校的整体管理水平和教育质量,使我国尽早从高等教育大国成为高等教育强国。而社会第三方机构组织实施的专业评估活动一般带有较为明显的实用或功利色彩,它们大多旨在满足社会公众的短期甚至浅层需要,或帮助社会公众大体了解我国各高校及其专业的基本情况和实力。这些评估活动一般都是在借鉴国外高校评估理论、方法和技术的基础上,适当结合我国高校的专业特点。应该说,这些评估活动对促进我国高校专业内涵建设及其发展起到了一定的积极作用,因而已日益受到我国政府、高校和社会的重视和认可。

　　经过几十年的多方努力,我国在高校专业评估方面已积累了较为丰富的研究成果和实践经验,尤其在有关评估理论、评估方法、评估技术和评估模式等领域都进行了相当有益的探索,并已推出了不少带有明显中国特色甚至中国地方特色的专业评估指标体系,也据此开展了一系列评估实践活动。但是,与发达国家相比,我国在有关专业评估理念、理论、方法、价值标准、技术应用和道德伦理等方面的综合研究还存在一定的薄弱点,如,对高校专业评估内涵、评估价值取向、评估原则、评估活动中如何解决专业个性与统一性问题,如何把握专业评估中的内在规定性与外在制约性的关系,如何解决专业评估中的水平现状与发展潜力的关系,如何解决专业评估中客观公正性判断与主观随意性判断的关系,大数据和人工智能技术如何更好地运用于专业评估,以及如何规范评估中的伦理道德问题等许多方面的研究还比较薄弱。另外,对我国高校专业评估研究和实践过程中出现的众多理念、观点、认识和方法等,也缺乏比较全面的梳理和总结,因而在专业评估理论和方法上,还较难取得实质性突破。基于此,我们认为有必要对高校专业评估理论和应用问题进行综合研究,其结果可用于指导相关的专业评估实践活动。

一般说来,专业评估与学科评估在许多方面有相通相融之处,其评估理论基础、理念、内容、方法和技术等各个方面往往是可以相互借用的,如都是对建设目标,物质条件,经费充足度,队伍素质,科研状况,教学状况,人才培养目标、方案和方法等方面的评估。但是,因为专业和学科在建设内涵上存在一定的差异或侧重点不同,所以专业评估与学科评估也有所区别,如专业评估更注重知识的传承和应用过程及其结果,而学科评估则更注重知识的生产和创造过程及其结果。专业评估内涵一般更侧重于学校办学目标、人才培养的特色化和功能化、人才培养目标和方法、人才培养质量和水平、师资队伍素质以及教学条件、方法、内容和水平,再适当考虑科研情况及其产出水平等,而学科评估内涵则主要侧重研究目标、研究条件、研究人员素质、科研经费投入、科研成果及其应用,并适当考虑人才培养情况等。

从现有文献看,在专业评估研究领域,我国学者比较热衷于各类专业评估指标体系建构和国外专业评估模式介绍,而对各类专业评估的其他问题(如评估理论、方法、技术及其应用等)的系统性研究略为不足。因此,本书试图对专业评估研究中存在的一些不足或问题进行研究。这些问题主要包括:(1)国外高校本科专业评估的主要理论、流派及其观点是什么?(2)现有高校本科专业评估有哪些主要方法?这些方法的适用范围、特点及其应用注意事项是什么?(3)现有高校本科专业评估指标体系和评估标准有何主要特点?如何构建比较适合我国高校本科专业特点的评估指标体系或一般性评估指标体系?(4)高校本科专业评估的主要技术及其特点是什么?(5)如何提高高校本科专业评估的规范化程度?建立高校本科专业评估相关者的伦理道德规范的意义、要点和注意事项是什么?

本书主要围绕以上问题进行较为深入的研究和探索。全书共分九章。第一章"绪论",介绍了学科专业及其评估的相关概念、主要研究问题和意义、研究目的和方法,以及国内外高校学科专业评估研究文献及其评估指标体系特点等;第二章"教育评价理论",基于历史制度主义分析思路和方法,比较详细地介绍了五代(即测量时代、描述时代、判断时代、第四代及智能时代)教育评价理论,涉及相关评价理念、理论、流派及其主要观点;第三章"我国高校本科专业评估的产生与发展",详细介绍了我国高等教育专业评估的历史缘起及其变迁特征、高校本科专业评估的阶段性特征以及高校师范专业认证的基本理念和特征;第四章"高校本科专业建设和专业评估内涵",主要从宏观、中宏和微观角度探讨了高校本科专业建设内涵、建设原则和建设路径,并较为详细地分析了本科专业评估内涵;第五章"高校本科专业评估方法",在分析高校本科专业基本评估方法和技术分类的基础上,着重分析了描述时代和判断时代的评估方法、现代专业评估方法、新兴专业评估方法及其他评估方法的优劣点、主要特点及其应用范围等;第六章"高校本科专业评估技术",在阐述评估技术的概念基础上,比较详细地分析了专业评估指标权重的多种赋值方法、专业评估数据的收集方法、专业评估数据的挖掘和处理技术以及专业评估值的计算方法等;第七章"高校本科专业评估指标体系建构",在介绍评估指标体系的概念和类型基础上,着重研究了我国高校本科专业评估指标体系的设计原则、设计方法及其注意事项;基于实例,介绍了美国本科专业评估指标体系的设计方法和特点;分别介绍了美国工程教育专业认证和中国工程类专业认证指标体系的内涵和特点,同时比较分析了中美本科专业评估指标体系的差异性等;第八章"国内外高校本科专业评估案例分析",分析了我国某市教育教学工作审核评估案例和某高校数学与应用数学专业自评案例的方法、内涵和特点;分析了美国加州大学伯克利分校公共卫生教育专业评估案例的方法、内涵和特点;详细分析了我国两所师范大学教育专业自评案例的方法、内涵和特点等;第九章"评估伦理与评估文化",比较详细地探讨了专业评估中的各种伦理问题、评估主体伦理合法性及保护问题、评估风险的防范及问责问题,以及当下专业评估实践中存在的其他伦理问题,并指出了高校本科专业评估的未来发展趋势。

最后需说明的一点是,高校本科专业评估研究涉及面广、内容庞杂,加上我们的精力和水平有限,对国内外相关资料的收集和分析力度可能不足,对本书各个研究主题和内容的把握也可能不够深入。因此,本书的研究内容和结果等肯定存在不足,在此敬请读者批评指正。

【核心内容】

　　在当前信息化和全球化的背景下,现代技术,尤其是大数据正在对各行业的运营模式和发展趋势产生深远的影响,高等教育领域亦不例外。这些技术的快速发展给教育评估领域带来了前所未有的变革机遇与挑战。由于传统评估方法的效率低下和主观性强,它们往往难以全面而准确地反映教育质量。因此,由技术驱动的评估体系应运而生,其目标在于提升评估的科学性和客观性,同时为教育的公平性和创新注入新活力。本书将深入探讨本科专业评估的理论基础,技术驱动评估模式,以及这些模式在具体实施中的案例。通过文献综述、对比分析和案例研究,本研究围绕现代技术手段如何赋能本科专业评估,为提升本科专业评估的科学性、准确性和实效性提供理论支撑,也给出实践指导,为我国本科专业评估发展提供参考。

第一章　绪论

引　言

　　1985 年我国部分高校曾对少数专业进行质量评估试点工作。上海同济大学和山东省部分高校也曾在 20 世纪 80 年代中后期对本校一些专业进行自我评估。自 20 世纪 90 年代初以来，中央、地方和一些社会中介机构都对高校开展过多次学科专业评估活动。这些评估工作都是在借鉴国外高校评估理论、方法和技术的基础上，适当结合我国高校学科专业特点而进行的。这些评估活动对促进我国高校学科专业建设和发展起到一定的作用，日益受到我国政府、高校和社会的重视和认可。

　　从 20 世纪 90 年代中期开始，我国高校学科专业评估逐渐成为教育界的研究和讨论热点，许多学者和学校都介入其中，推出了一些明显带有中国特色甚至中国地方特色的学科专业评估指标体系，并开展了一系列实际评估活动，同时，也对高校学科专业评估的原则、方法和模式等做了一些有益的探索。但是，与国外相比，我国学者在有关学科专业评估理论、理念、方法、道德伦理、价值标准和技术应用等方面的综合研究还相当不足，如对高校学科专业评估内涵、评估方法和评估价值取向，评估活动中如何解决学科专业个性与统一性问题，如何把握学科专业评估中的内在规定性与外在制约性的关系，如何解决学科专业评估中的水平现状与发展潜力的关系，如何解决学科专业评估中客观公正性判断与主观随意性判断的关系，以及如何规范评估中的伦理道德问题等许多方面的研究还比较薄弱。另外，对我国高校学科专业评估研究和实践过程中出现的众多观点、认识和方法等，也缺乏比较全面的梳理和总结，因而在学科专业评估理论和方法上还较难取得实质性突破。

　　当前的大数据和人工智能正在对各行业的运营模式和发展趋势产生深远的影响，高等教育领域亦不例外。这些技术的快速发展给教育评估领域带来了前所未有的变革机遇与挑战。传统的评估方法由于效率低下和主观性较强，难以全面且准确地反映教育质量。技术赋能的评估体系，旨在提高评估的科学性、客观性，并为教育公平和创新提供新的动力。

基于此,我们认为有必要对高校学科专业评估的有关问题进行综合研究,其结果或许可用于指导相关的评估活动。不过,限于本书主题,我们将着重探讨高校本科专业评估理论、方法和技术等方面的问题,在必要时,可能会简要涉及学科评估方面的相关问题。我们将系统性地探讨本科专业评估的理论基础,技术赋能评估模式的技术革新,具体实施案例,技术评估对教育政策的深远影响,以及未来发展趋势和面临的挑战。本研究为构建合理、公正、科学的本科专业评估机制提供了理论依据和实践指导,对于推动我国高校本科专业评估改革和提升高等教育质量具有重要意义。

一、若干基本概念简述

本研究所提及的若干概念,在研究的不同时期均有多种说法,这里选取普适性、共通性的定义加以辨析。

(一)学科

学科,一个耳熟能详的教育学专属名词,同时作为一类相对独立且高度专门化的知识体系,是基于各科知识内在特性的系统性、综合性拟合与纷呈。学科形成与教育历史发展的长河,展现了深厚的科学底蕴。它基于知识生成与演进的特定规律进行划分,因此,其本质特征在于学术性与知识性的自然融合。学科的核心使命聚焦于知识的孕育、创新与拓展,不断推动人类认知边界的价值扩展。学科的形成经历了一个由"知识发现"至"知识挖掘",进而确立"研究对象领域",随后构建"知识谱系",直至"知识体系成熟"的线性演进过程。而学科能够建立起范式,主要归因于学科外延对于本态知识的继承、推广与持续优化。这也就意味着学科的建制规训意蕴源自学科知识体系,其规训力度取决于知识体系与组织机构的共融情况[①]。

在学科发展的征途上,前沿学术研究与新旧知识迭代是驱动学科发展的引擎,

---

① 胡建华. 知识学科与组织学科的关系分析[J]. 高等教育研究,2020,41(05):25—30.

这就意味着须秉持科学探索的严谨态度，深入剖析事物的本质、变化规律及未来趋势，旨在揭示自然界的奥秘，促进人类智慧的飞跃。同时，这一过程也服务于社会生产实践的广阔舞台，通过知识的迁移、转化与应用，为社会各领域的持续进步与成果纷繁注入内生力量。因此，学科发展的重点应矢志不渝地聚焦于学术研究中高深知识的探索和深入浅出，以科学精神为指引，推进人类走向更加辉煌的学科文明时代。

（二）专业

专业，作为名词呈现时，表示以相近学科知识为基础的学业门类，它与工作职业密切相关。专业划分的核心是基于人类社会劳动的精细分工或不同的职业类别，这一划分极为明显地体现其社会属性的特征。在实践发展中，专业的核心使命其实已经远远超越了其社会定位，它主要聚焦于知识与技能的传承与发展，关注点应当落在高质量的教学实践与全面的人才培养上。因此，专业不仅是人类社会分工的实践产物，更是助推知识迭代传承与人才行业输送的基石。

（三）学科与专业的关系

学科与专业的关系，远近皆宜，联系紧密又不乏区别。在普适性的研究中认为：学科是支撑专业存在和发展的基石，专业是学科落地的应用与延伸。专业是根据社会需要传授某些学科进行学术研究而得的知识和技能，因此专业也是学科知识的传播和实践环节，使知识从应然走向实然，从理论领域走向应用领域。但是，学科与专业的构成要素不尽相同，前者的构成要素是研究者、研究领域、研究方法、研究范式、理论体系和学科使命，秉持的是科学精神和学术自由原则，而后者的构成要素则是教师、培养对象、课程体系、培养内容、培养方法和培养目标等，知识传播和社会服务是其核心使命。

（四）评估

所谓评估，就是为了达到某种目的或目标，根据一定的理念、原则和方法，运用一些技术和手段,对事物或事件进行价值判断的过程。因此,高校本科专业评估,就是为了达到提高本科专业水平和质量的目的或促进其发展,依据一定的评估理念、原则和方法,并运用一些信息或数据处理技术和手段,对高校本科专业的发展现状、存在问题及质量水平等进行价值判断的过程。

二、研究价值与内容

(一)本研究的意义与价值

1. 学术价值

一是认识技术赋能评估的规律性。本研究致力于准确把握技术赋能在本科专业评估中的发展趋势和规律。通过深入研究国际上成功的本科专业评估体系,尤其是那些在技术赋能背景下取得显著成就的案例,深入理解其改革经验、面临的挑战及未来走向。这一研究拓宽了我国本科专业评估理论研究的视野,而且为构建具有中国特色的现代教育评估理论提供了丰富的素材和发展动力。

二是分析和预测本科专业评估的现代化进程。本研究着眼于我国高等教育的实际情况,探讨了本科专业评估现代化的跨越式发展路径。以技术赋能为关键突破点,构建系统化的评估体系,实现评估方法和指标的全面革新。借鉴国际经验,本研究提出了符合我国国情的改革路径,打造具有示范效应的评估模式,以创新引领发展。

2. 学术创新

一是重新审视高校本科专业评估的发展路径。本研究以系统、全面、客观的视角重新审视了高校本科专业评估的演进轨迹。通过深入分析广泛的国内外一手最新资料,较全面地梳理并揭示了不同国家和地区在本科专业评估方面的发展历程。本研究不仅阐明了在多样化教育背景下高校专业评估的理论基础和实践应用,还为国际比较研究提供了坚实的基础和全景图。

二是梳理和构建高校专业评估的创新研究方法和技术。本研究突破了传统评估模式的局限,探索以新兴技术为支撑的动态和灵活的评估机制。这种创新的研究范式不仅体现在技术手段的应用上,还包括对评估指标和方法的重新设计。本研究强调数据驱动和智能分析的重要性，以确保评估过程的科学性和客观性。

三是提出专业评估的伦理规范体系。本研究强调在评估过程中应高度重视和维护各利益相关者的权益，避免功利主义和形式主义倾向。通过构建比较系统的伦理规范体系，本研究确保了评估过程的公平、公正和透明，从而提升了评估结果的可信度和社会认可度。这一创新对于规范评估行为、提升评估质量具有重要意义。

（二）研究的主要问题

本书拟研究的主要问题是：(1)国外高校本科专业评估的主要理论假设、主要流派及其理论观点是什么？(2)现有高校本科专业评估有哪些主要方法？这些方法的适用范围、特点及其应用注意事项是什么？(3)现有高校本科专业评估指标体系和评估标准有何主要特点？如何构建比较适合我国高校本科专业特点的评估指标体系或一般性评估指标体系？(4)高校本科专业评估的主要技术及其特点是什么？(5)如何提高高校本科专业评估的规范化程度？建立高校本科专业评估相关者的伦理道德规范的意义、要点和注意事项是什么？(6)现代技术手段如何赋能本科专业评估以及如何提升本科专业评估的科学性、准确性和实效性？

（三）本研究的主要内容

1. 中外高校本科专业评估历史

研究内容：梳理中外高校本科专业评估历史及其各阶段特点。

2. 中外高校本科专业评估理论

研究内容：研究中外学者提出的有关高校本科专业评估理念、理论和假设，分析主要评估流派及其代表学者的理论要点和相关观点，在此基础上，结合我国高校本科专业特点，提出我国高校本科专业评估的一般性理论或方法。由于国内学者对专业评估的研究较为薄弱，因此，本研究将侧重于专业评估理论的梳理、概括和提升。

3. 高校本科专业评估内涵研究

研究内容：在研究高校本科专业建设内涵的基础上，尽可能详细地研究本科专业评估内涵，这是构建高校本科专业评估指标体系的重要依据。并且，将以专业评估内涵为研究重点，适当涉及学科建设内涵及其评估内涵分析。

4. 高校本科专业评估方法研究

研究内容:分析研究高校学科和专业评估的各种方法,包括各种方法的含义、要点、合理性、科学性、适用范围和注意事项等,并以专业评估方法为研究重点。

5. 高校分类本科专业评估指标体系研究

研究内容:主要介绍和分析国内高校主要本科专业评估指标体系的特点、评估标准及其优劣点,并结合中国高校本科专业特点,建立一般性本科专业评估指标体系和评估标准,并对各种评估指标体系的应用范围和注意事项等加以说明。将侧重分类专业评估指标体系的构建方法、原则、特点和内涵等的研究。

6. 高校本科专业评估技术研究

研究内容:系统回顾教育评价理论的发展历程,梳理并分析了测量时代、描述时代、判断时代、第四代评估以及大数据时代等五个阶段的主要教育评价方法,评估其各自的优缺点,揭示教育评价从单一量化向多元主体参与、再到智能化发展的演进趋势,强调未来教育评价应走向多元化、科学化与智能化融合。

7. 高校本科专业评估组织、评估程序和评估道德问题研究

研究内容:研究高校本科专业评估组织的作用与特点、评估制度化和规范化以及评估程序等;研究本科专业评估伦理道德问题,将简要涉及评估组织者、评估对象、评估实施者及其他评估相关者的伦理道德和注意事项。

三、国内外高校学科专业评估研究文献述评

(一) 国内高校学科专业评估研究文献简评

1. 国内高校学科专业评估研究文献简述

从现有文献来看,我国学者对高校学科评估的研究起步较早(始于 20 世纪 80 年代初期),研究范围较广,研究内容较丰富,也比较有深度,而对专业评估的研究起步较晚一些(一般认为始于 20 世纪 80 年代末期),研究范围相对较窄,研究深度还不够。在学科评估研究方面,我国学者做得最多的是对国外学科评估的经验、模式和方法等的介绍或评述,其次是对国内高校学科评估指标体系的分析和研究,并已构建了众多

的学科评估指标体系,再者是对学科评估的目的、方法、原则和技术等方面的研究。但是,对于指导学科评估活动至关重要的学科评估理论和理念(如评估的理论基础、评估理念和理论)等的研究较为薄弱,可能还处于起步阶段,特别是对符合我国高校学科特点的评估理论研究很少见。

在专业评估研究方面,我国学者也比较热衷于评估指标体系设计和国外专业评估模式介绍,而对专业评估的其他问题(如评估方法、技术、理论、评估实践中的掣肘等)的研究较少。

当然,学科评估和专业评估在许多方面有相通相融之处,其评估理论基础、理念、内容、方法和技术等各个方面往往是可以相互借用的,如都是对建设目标、物质条件、经费充足度、队伍素质、科研状况、教学状况、人才培养目标、方案和方法等方面的评估。但由于学科与专业建设内涵上的差异或侧重点不同,学科评估与专业评估也有所差别,如学科评估更注重知识的生产和创造过程及其结果,而专业评估则更注重知识的传播和应用过程及其结果。因此,一般说来,学科评估内涵主要侧重于研究目标、研究条件、研究人员素质、科研经费投入情况、科研成果及其应用,并适当考虑人才培养情况等,而专业评估内涵一般更侧重于学校办学目标、人才培养的特色化和功能化、人才培养目标和方法、人才培养质量和水平、师资队伍素质、教学条件、方法、内容和水平,再适当考虑科研情况及其产出水平等。

综合而言,近几年来,我国学者对高校学科专业评估的研究主要聚焦于如下几个方面:

(1)国外高校学科专业评估历史、经验和评估模式介绍。主要是研究或分析美国、英国、加拿大、法国、德国和日本等发达国家在开展高校学科或专业评估活动中的实践经验、评估方式和方法、评估模式的特点等。这方面的研究文献非常多,参与的学者也比较多。如饶燕婷梳理了美国专业评估兴起的驱动力、外部问责体系的完善、当前流行的专业评估的目的与类型。[1] 新锦成研究院介绍了最新的学科专业评估模型,如专业布局评估七步法、迪克森的排序模型、着眼于长期的资源分配的 QPC 模型。[2] 张琳、韩钰馨介绍了各国评估模式的特征,如英国推行"卓越框架体系",该体系

---

① 饶燕婷.美国高等教育专业评估的兴起与应用[J].高教发展与评估,2024,40(01):84—95,123.
② 新锦成研究院.河南省2017届高校毕业生就业状况与人才培养质量跟踪调研报告[M].北京:光明日报出版社,2019:285.

积极倡导多元化的评价机制;德国的高校评价工作则由各州自主组织,并能根据实际情况进行灵活地调整与优化;法国则兼顾多维度的评价目标,采用内外相结合的综合评价模式;意大利高度重视分类评价,依据不同学科领域的特性,有针对性地侧重采用多样化的评价方法;而挪威则建立了国家层面的科研信息系统,旨在实现科研信息的全面监测与有力支撑。①

（2）高校学科专业评估的实践举措研究。如刘梦哲选取哈尔滨几所具有地方办学特色和代表性学科的省属高校作为研究对象,分析其学科布局评估的合理性。② 刘涛总结了高职院校专业评估的指标专业评估体系模型和操作性比较强的实施路径。③ 王小兵基于湖南省 7 所高水平地方学院的专业评估实践分析其评估背景及设计、评估成效等。④

（3）国内高校专业评估问题研究,包括专业评估内涵、专业评估类型、专业评估模式、专业评估指标体系及其要素以及专业评估标准等问题。如李薪茹梳理了高校新一轮本科教育教学审核评估的内涵特征,在此基础上梳理了当前相关评估的实践困境。⑤ 张凤娟、宣勇认为当前的专业评价与专业建设之间面临着"体用脱节"与"评建割裂"的困境,这一状况引发了大学专业建设中的诸多非理性现象。⑥ 具体表现为:大学作为专业建设主体的能动性遭到削弱,建设过程日益趋向于指标化、形式化,同时,行政管理与学术管理在制度层面出现了不应有的同质化与重叠,进一步阻碍了专业建设的健康发展。

（4）高校学科专业评估方法研究。国内学者对学科专业评估方法的提法和概念比较丰富。宣勇认为应该从大学学科评价中"能力取向"的价值追求、"体用结合"的评价内容与方法、"以评促建"的评价效用三个方面建构学科评价理论与方法的基本框架。⑦ 不

① 张琳,韩钰馨.破除"唯论文"后的科研评价改革探索——国外高校科研评价的实践与启示[J].世界社会科学,2023(03):136—154,245.

② 刘梦哲."双一流"背景下黑龙江省地方高校学科专业建设研究[D].哈尔滨:哈尔滨理工大学,2021.

③ 刘涛.高职院校专业评估的时代价值、指标体系与实施路径[J].职教通讯,2024(10):53—61.

④ 王小兵.地方高校学科建设的路径研究[J].中国高等教育,2021(18):51—53.

⑤ 李薪茹.高校新一轮本科教育教学审核评估的内涵特征、实践困境及优化路径[J].中国高等教育,2024(18):50—54.

⑥ 张凤娟,宣勇.从"评建分离"到"以评促建":有用的学科评价应实现四个转变[J].江苏高教,2022(07):37—42.

⑦ 宣勇.大学学科的建设与评价——从事学科研究 20 年的回顾与展望[J].大学与学科,2023,4(01):1—9.

同学者基于不同的院校评估实践,所使用的研究方法差异较大。早期学者往往笼统称之为定量方法、定性方法或定量与定性相结合。秦忠诚等学者在煤矿内因火灾评价模型的研究中系统梳理了评估中常用的方法,包括模糊综合评价法、熵权法、层次分析法(AHP)和 TOPSIS 法,并指出其局限性。[1] 陈雨晴等学者利用 DEA 绩效评价模型法,围绕产出、资金投入、师资等维度,对 A 省"双一流"学科的建设水平进行评估。[2] 此外,还有柳娥在学科满意度评估中使用的因子分析法,[3]等等。

(5)高校学科专业评估理念研究。国内学者很少对评估理念做专门研究,一般都是在论述评估问题时顺便提及几个评估理念,如评估原则的说明等。事实上,评估理念是指导或开展评估活动的重要依据,有必要根据评估对象和评估目的进行专门的研究。高校学科专业评估理念是人们对学科或专业所持的最基本的理性认识,也是人们对评估本质及其问题的基本看法,它具有明确的导向作用,并影响着学科专业评估的最终效果。何健等提出专业评估理论要坚持政治性、导向性、科学性、创新性,实现评估指标体系差异性与普适性相融合。[4] 刘虹提出学科与专业的建设内容需以其本质意蕴和内在逻辑为出发点,全面关注学科各类要素的建设。[5] 学科建设的成效是一个多维度、综合性的评价,它紧密关联着学科在人才培养、科学研究以及社会服务这三大大学核心职能上的表现。复旦大学原学科办主任叶绍梁教授曾在《学科评估理念初析》这篇文章中,非常翔实地剖析了当前评估学理层面上普遍存在的十大悖论,这些悖论深刻揭示了评估体系构建与实施过程中的复杂性与挑战性,有较强的学术启示意义。他认为,高校学科评估理念要受到学科及其建设理念的支配,因此,研究学科评估理念,首先应该研究学科及其建设的理念。他分析了学科界限的确定性与不确定性、定量与定性评估方法、学科个性与统一性、学术标准与行政介入等十个理念方面应该

---

① 秦忠诚,陈光波,李谭,等."AHP+熵权法"的 CW-TOPSIS 煤矿内因火灾评价模型[J].西安科技大学学报,2018,38(02):33—36.

② 陈雨晴,任晓冬,梁园园."双一流"学科培育工程绩效评价案例分析——基于 DEA 模型的绩效评价方法研究[J].财政监督,2024(17):68—71.

③ 柳娥.高校开展自然教育的实践与探索——以西南林业大学为例[J].福建茶叶,2020,42(02):42—45.

④ 何健,廖佳文,徐晨.全国专业学位水平评估特征分析及对高校学科建设的启示[J].中国大学教学,2023(11):81—85.

⑤ 刘虹.五轮学科评估下高校人才培养评估指标体系的演变与展望[J].江苏高教,2024(10):81—87.

关注的问题。

(6)高校学科专业评估技术研究。这方面的研究主要是侧重于数据处理技术、数据挖掘技术、评估指标的权重赋值方法以及评估值的计算技术等。黄敏的研究将 K-means 算法应用于教学评价结果分析,通过聚类划分不同等级的教学质量,挖掘指标间的隐含关系。这种模式可迁移至学科评价中,例如整合科研成果、师资投入等多维度数据,通过关联规则分析发现学科建设的关键影响因素。① 教育部学校规划建设发展中心提出未来可以利用学习分析、区块链技术、跨媒体智能技术来生成专业的数字画像;还有 2024 年末,郑州大学"构建 AI 评价专家模型,赋能课程质量评价与分类认证"案例成功入选全国第二批 32 个"人工智能＋高等教育"应用场景典型案例。

另外,也有少数学者研究或分析了中外评估模式差异或评估指标体系的构建方法、原则和内涵比较。如曹志峰等重点从学科评价模式的内涵、指标体系和过程等三方面展开比较分析研究;②吴雪在梳理英国大学学科评估发展历程、评估主体、评估应用的基础上,总结其学术自治、服务凸显、文化逻辑等特征,分析我国大学学科评估本土化困境及其原因;③刘典典、吴文彦基于国内外权威学科评估指标的研究,分析了中外学科评估的指标体系在理念、路径、维度等方面的差异,提出了更符合我国学科属性的学科评估五星结构模型。④

2. 国内高校学科专业评估研究文献略评

从现有材料来看,我国现行学科专业评估方法和指标体系基本可说是大同小异。在评估方法上,大多采用先自评,再在自评材料基础上根据某一评估指标体系进行逐一测评,再辅以适当的专家现场考察等,最终得出各被评学科专业的排名情况或结论。而评估指标大多设置了学科(专业)发展目标、学科(专业)现状、学术(或教师)队伍情况、科研情况、人才培养情况、学术声誉等。

总体而言,我国学者在学科专业评估的研究方面已取得一定成果,但在评估理论、评估理念、评估伦理道德、指标体系构建方法与原则、评估方法及其应用、评估技术的

---

① 黄敏. 聚类算法在教学评价中的应用研究[J]. 中国电力教育,2011(16):63—64.
② 曹志峰,汪霞. 世界一流大学重点学科评价模式的比较分析[J]. 江苏高教,2018(01):13—18.
③ 吴雪. 英国大学学科评估的内在逻辑与中国学科评估的发展转向[J]. 福州大学学报(哲学社会科学版),2022,36(06):133—140.
④ 刘典典,吴文彦. 学科评估五星结构模型的建构——基于国内外权威学科评估指标的研究[J]. 齐齐哈尔高等师范专科学校学报,2024(04):39—45.

挖掘和应用等方面还存在一些问题,这些问题大致可以概括如下:

(1)高校学科专业评估的理论研究比较薄弱,国内学者针对我国高校学科专业特点所提出的比较有指导意义的理论、理念、方法和技术不够丰富。

(2)各种学科专业评估指标体系都有求全求细的倾向。虽说评估应力求科学客观,但评估过程中如果过于全面细化,可能会事与愿违。如何选择真正有代表性、客观性和科学性的指标,一直都是评估的难点和议论焦点。因为各学科专业门类都有各自的特点和内涵,这些特点和内涵很难用比较统一的指标加以量化或衡量,而且各种数据的收集也存在较大难度,特别是数据的客观性和准确性难以保证或把握,这些都在无形中影响着评估成效及评估的可信度。

(3)缺乏特色评估,即各评估指标体系难以客观反映各学科专业的特色。我国高校学科专业门类众多,各学科专业都有自己的特色,在设置指标体系时,应该区别对待,而不应以大致相似的指标去衡量和评价所有的学科或专业,不同省市大学评估实践中也存在互相借鉴、指标趋同的问题。

(4)评估技术研究相当薄弱,评估方法的研究也有待加强。如评估指标及其权重赋值的设计过于注重数量和规模,而时常忽视质量和水平,就是说,各评估指标体系设有大量的数量指标,而对质量的指标考虑较少。一般而言,规模指标可用具体的数量来衡量,而质量指标往往可用均值衡量或用其他可以衡量质量水平的指标。如指标体系中设置了"授予博士学位数、硕士学位数"等指标,而没有考虑真正能衡量这些博士、硕士毕业生质量水平的指标;又如指标体系中可能设置了"科研经费总额"和"科研成果总量",这或许可以部分说明学科的总体实力,但是如果考虑到科研人员数量,并不一定能反映这一学科的科研质量水平。

原则上讲,在评估指标体系中,规模指标和均数指标应该互相搭配地采用,最好基本平衡地采用,不应该过分偏重某一方面。例如,设计了过多的均数指标(反映质量水平),这可能对规模较小的学科专业有利,而对规模较大的学科专业可能非常不利,如假设某个专业只有一名博士生,可是偏偏这一名博士生非常优秀,获得的科研项目和经费较多,科研成果突出,其他表现也十分优异,如此,这一专业的人才培养质量评估的值就会非常高。而对另一个培养 30 名博士生的专业来说,因学生质量参差不齐,若过于依赖均数指标来衡量人才培养质量,那么,这一专业在实际评估时就会吃亏不少。反之,过多采用规模指标,也会出现类似问题。因此,在设计评估指标体系时,应该尽量考虑均数指标和规模指标的平衡问题,这一点非常重要,但却经常被人为地忽视了。

（5）未考虑学科专业的投入与产出的关系，即未考虑效益评估问题。在现有的学科专业评估中，设置了大量产出效果的指标，而缺乏学科专业投入指标。我们认为，不注重效率和效益的评估，显然是有失公平的，其评估结果的可信度也值得商榷。

另外，也有学者如包水梅等认为，长期以来，我国学科评估制度始终遵循行政主导的逻辑，导致现行的学科评估体系将评估结果与学科建设资源的分配紧密相连，高校将学科评估过程视为一场资源争夺的"竞赛"，这一现象使得高校参与学科评估的主要动机偏离了其初衷——服务于学科建设，转而过分聚焦于获取学科建设资源①。

（二）国外高校学科专业评估研究文献简述

从研究文献看，美、英、加、德、日等国学者的研究成果很多。欧美学者对学科专业评估的历史、理论、方法、技术、形式、伦理道德等众多领域都有比较充分的研究，特别是对专业认证评估和学科绩效评估的研究相当深入。

一般说来，欧美大学的学科专业评估主要是由专门的评估委员会组织实施，而大学自身也大多自愿参与。其原因有二：一是评估结果要么与拨款挂钩（如美国大部分州和英国的专业评估），要么与学科专业的生存挂钩（如加拿大部分省和美国部分州）；二是大学都有强烈的质量意识，都希望通过评估了解本大学内各学科专业的现状和存在问题，以便进行自身的进一步改革和发展规划修订。如 20 世纪 80 年代，全美 50 个州和加拿大的 10 个省都有州（省）一级的专业评估组织和完备的评估程序。设立高级别的评估机构和正规的评估程序，其主要原因是可以提高评估的权威性和节约评估成本，而且美国 28 个州的教育管理机构都有权根据专业评估机构的评估结果来决定一个专业是否可以继续生存下去。

根据加拿大多伦多大学安大略教育研究院讲席教授迈克尔・斯科尔尼克（Michael L. Skolnik）的介绍，国外学者有关专业评估的研究成果很丰富。他认为，在众多学者中，存在一类研究范式是着力于对专业评估所采用的多样化方法模型进行分类辨析，同时有一类学者则强调定性方法和定量方法的区分，还有些人强调标准参照法与规范参照法之间的区别。

----

① 包水梅,黄尧尧. 论我国学科评估制度改革的路径依赖及其突破[J]. 江苏高教,2022(04)：44—51.

"标准参照法"（criterion-referenced）又被称为"具体目标评估法"（objective-specific），该方法的核心在于将评估的基准锚定于由专业运营利益相关者所明确界定的专业建设目标与发展之上，这一方法的优势在于给予了不同专业在拟定评估目的和赋定权重时的灵活性，并能够保留差异属性；"规范参照法"（norm-referenced）则呈现了另一种评估逻辑，即由非本专业领域的机构或专家制定量化体系和评估细则，这些细则和体系在评估场域内对所有专业共同应用，不分差异。这样的方法应用比较依赖可测量的、标准化的指标体系，旨在通过客观、可量化的方式评价专业建设的成效。不足之处也很明显，反对者认为规范参照法的理论基石仍然是属于一种简化论的教育观，试图通过一套固定的标准来衡量所有专业的长短，导致专业本身独特属性和专业群多样性被抑制。

早期康拉德（Conrad）和威尔逊（Wilson）以更超前的视角，提出一个更生动的评估模式，即四重分类：决策模式法（Decision Making）、反应模式法（Responsive）、目标模式法（Goal based）和专家模式法（Connoisseur ship）。林肯（Lincoln）和库巴（Guba）独具匠心地描述了评估模式的演进历程，他们盘点了不同教育时代的评估理念和实践，并总结出各个时代的典型特征：第一代评估模式起源于 20 世纪 20 至 30 年代，被他们以技术性标签命名。在这一时期，评估者更像是精密操作的技术员，他们的工作聚焦于总结性评估（Summative Evaluation），即通过大量的量化指标来直接测量专业发展成果。这种模式受到了第一次世界大战后科学管理兴起的影响，强调数据驱动和效率至上。

到了 20 世纪 40—50 年代，学术界存在很多声音反对第一代评估模式中过分依赖总结性评估的做法。这一时期出现的评估模式则更侧重评估应围绕既定目标展开，深入剖析专业质量方面的优势，为形成性评估（Formative Evaluation）的兴起开启了先声。

20 世纪 60—70 年代是评估模式发展的第三代，强调把总结性评估和形成性评估结合起来进行多维评估，但这种评估模式更像是"专家评估法"，其评估者的角色已从过去的描述者变成了现实中的法官。

20 世纪 80 年代初，可说是评估模式发展过程中的第四代，它往往被称为多元参与的"反应式评估"。随着价值多元主义日益被大众接受以及各界对评估专家信任度的逐渐下滑，传统的专家"权威"评估模式逐步退出舞台，开始广泛实践多元参与的反应式评估方法。其中倡导"反应式评估模式"的学者指出，评估本质上是一个复杂的社会活动，而非单纯的学术评判，在这一过程中，评估者的角色发生了根本性转变，他们不再仅仅是高高在上的"裁判",而是更多地以合作者、学习者、教育者、现实塑造者和协调者的多重身份参与其中,共同推动评估工作的深入发展。

约克大学教育学院的查强教授用加拿大安大略省的评估实例,论证了一个典型的目标模式的评估应用成效,即紧盯一个特定专业的既定目标及其在具体环境下的绩效表现。在制度和程序上则是以自评自查为核心,同时保障和加强大学在质量保障上的自主权①。安大略大学质量保障理事会基于评估的结果,推出了 5 个主要环节的质量保障框架,要把质量保障的重心持续地向大学自身转移,特别是那些专业评估良好的大学②。

在提及学术质量与专业评估的碰撞时,迈克尔·斯科尔尼克指出:"尽管历史上各大高校关于各专业学术质量评估的实践活动已历经 50 余载,但其真正崭露头角,更大范围内日渐组织化并具有广泛影响力态势,却是近 15 年才出现的显著变化。以美国专业评估的实践为例,评估曾经是各院校自主管理的领域,现在这一趋势已跨越至更广泛的层面,美国 50 个州均设立了省级或州级的评估体系。推动这一变革的核心因素之一,就是对评估成本控制的迫切需求。"他其实更倡导的是,高校的专业评估体系应当向多层次测量、多元化形式、多相关者参与及有不同专业特色的方向发展(这里的专业评估是指专门的评估组织有计划和有目的地实施的一种专业化评估活动,而不是指学校里的专业评估活动)③。

20 世纪末,美国著名学者巴内特(Banett)基于伯顿·克拉克(Burton Clark)提出的高等教育系统受学术权威、市场、政府三方力量共同制衡的理论框架,提出了颇具影响力的质量"三角保障理论"。巴内特认为,当前市场主要以专业认证、大学排名及院校问责等常规手段来评估高等教育的质量,而一个健全的高等教育质量保障体系,应当是政府、高校与社会三方力量在质量保障上实现犄角平衡的结果。

尤铮选取哥伦比亚大学教师学院和印第安纳大学布鲁明顿分校教育学院为案例,发现在美国高等教育的学科评估中,学位项目是学科评估工作的基本对象,认证制度

---

① 查强. 加拿大安大略省的大学专业质量评估:缘由、现状及趋势[J]. 大学与学科,2023,4(01):111—123.

② Ontario University Council on Quality Assurance. Quality Assurance Framework [R]. Toronto on the Quality Council, 2021(16):34-37.

③ 迈克尔·斯科尔尼克,查强. 关于专业评估和知识遵从的批判研究[J]. 北京大学教育评论,2004(02):23—32.

是评估的核心路径。认证体系庞大而多元,首先是机构多样,各级各类第三方机构和学会组织是认证的实施主体;其次是标准多元,所有认证都有一套标准体系①。在专业认证标准的研究领域,欧美的研究者均较为关注学校的自我评估机制,提倡将内部问责与外部评估紧密结合,突出特征是以学校自评自建、自我问责为核心,同时融入修正、约束及自我发展的理念。而外部评估则更多扮演第三方立场的咨询、平行视角的协助等角色。对于专业认证标准的制定,这些研究普遍强调了其既需具备刚性标准以确保基本质量,又需保持一定弹性以适应不同评估场域,即共通性和适配性并存。此外,也有学者在其中补充了关于评价中关注学生实践能力与创新能力的持续提升,倡导评估与认证模式应具备时代俱进性。这些研究无疑为国内研究适配教育国情的专业评估体系提供了丰富的学术参考价值。

此外,国外学者对学科专业评估的局限性、专业认证制度、评估指标体系、评估伦理等问题都有大量的研究。但是,不少学者对美国、加拿大等州(省)一级绩效评估指标体系的设计方法和内容有广泛的争议和批评,如,一些绩效评估指标体系是按照自然科学的范式和特点来设计的,其量化指标可能适合于自然科学领域,却不适合于人文和社会科学领域,但评估组织者和评估专家往往对此视而不见。

总的来说,从国外专业评估研究文献来看,一些欧美发达国家,无论是理论还是实践,都已经领先一步,积累了较为丰富的经验。与欧美一些发达国家相比,国内专业评估开展或起步较晚,研究与实践相对较为落后,但随着国内高等教育研究与实践的深入发展,高校专业评估在国内也必将日益得到重视。

下面,我们仅简单介绍美国学科专业评估研究的一些特点和方法。

美国早在 1906 年就开始了教育评估活动,其中有两种影响比较大的教育评估就是院校评估和专业评估。在院校评估中,主要以学科评估为基础,并且对各院校各学科进行了评估排名,而其专业评估则主要是专业认证与鉴定。

20 世纪 20 年代,美国迈阿密大学的时任校长休斯(Raymond Hughes)创造性地提出用"声望评估法"对美国大学中具有博士学位授予权的学科进行了排名评估。这种学科评估法也被称为"主观评估法",相当于后来的"专家学者咨询法",它在 20 世纪 70 年代之前曾得到广泛应用。这种评估法的主要特点是简便快捷,但缺点也十分明显,

---

① 尤铮.美国高等教育学科评估的体系及标准研究——基于对两所大学教育学院的调研[J].世界教育信息,2018,31(19):40—47.

如判断标准不够严格、受人为因素影响较大等。从 1980 年左右开始，"声望评估法"逐渐演变为"多维评估法"或"综合评估法"，定量评估与定性评估结合起来进行综合评价的方法开始被广泛关注和应用。

应该指出的是，美国的学科专业评估一般都不是政府行为，大多数评估活动都是由社会媒体组织或社会中介组织自发进行的。由于他们的评估活动得到各高校的大力支持和配合，以及他们连续不间断地进行相关评估活动，并且借助媒体的巨大影响力，其评估结果不仅受到美国社会民众的极大关注，也受到世界各国高校的重视。

美国有众多知名的教育评估机构，它们出于各自的经济利益和社会影响，每年或每两年左右就要对美国各院校、部分学科和专业进行评估排名，其中社会反响比较大的有《美国新闻与世界报道》，它会根据一个相对简略的指标体系，对各大高校及一些学科开设情况进行综合排名，并公布其评估结果，参评的学科往往有工商管理、法学、生理学、教育学等，其评价一维，大幅关注学术声誉，虽然现在看来其评估过程不大严谨，但是胜在流程高效。

当然，《美国新闻与世界报道》设置的指标体系也存在一些问题，如指标体系过于简单；对于比较难以量化因而受到我国学者广泛批评的"声誉"指标却特别看重，赋予很大的权重值；均未考虑办学条件和各类规模性指标等。他们为何会如此设置指标体系，其原因值得我们进一步探讨，如他们设置指标的原则是什么？权重赋值的依据是什么？怎样区别各学科的特色？等等。

（三） 专业评估在国内的研究概况

近年来，随着官方对高等教育评估活动的重视，各省市高校也如火如荼地开展各类评估活动，国内学术界有关专业评估的研究也日益得到重视。研究主要涉及：专业评估的必要性、重要性及意义，专业评估的内容、方式和原则，专业评估的模式、标准和指标体系，专业评估实践中存在的问题、措施及未来发展方向，国外专业评估的特点及其对国内专业评估的启示等。展开来说，主要聚焦在以下几个方面：

1. 关于专业评估内容的研究

高正艳等提出从专业建设指标达成度的维度看专业成效，达成度评价是对目标的达成情况进行判断的一种评价方式和内容，是衡量专业"产出"的重要手段，是对专业建设措施持续改进的依据。① 当前,有学者对达成度评价的适应对象和应用范畴做了探索。而更多的学者则聚焦我国每一轮的学科评估指标体系,梳理每一项指标调整的逻辑,比如在第四轮学科评估中,对四大一级指标排序进行了调整,师资队伍与资源仍居首位,而人才培养质量则跃升至第二位,科学研究水平位列第三,社会服务与学术声誉紧随其后,到第五轮评估指标则更重视人才培养质量②,反映了不同历史时期专业评估内容的动态适应,国内学术研究也随之调整深度和视角。

2. 关于专业评估过程、原则和程序的研究

国内关于专业评估所需坚持的原则研究比较统一,基本涵盖系统性与科学性的原则、定性与定量相结合的原则、可操作性与动态性的原则、特色性与自主性的原则,在确保评价指标具体明确且具备可解释性以及便于量化分析的前提下,赋予专业发展一定的自主自治自评权③。而在程序上,多借鉴国外定性定量相结合的模型。如毛太田等基于 CIPP 模型对一流本科专业建设成效进行评价研究,程序包括高校自我评价,反馈改进以及政府和专家、第三方机构外部评价,再反馈改进④。谢雯等提出现在国内的专业评估已经逐渐从政府主导到多元参与,程序中开始加入同行评议,管、办、评的分离,使得社会各方有机会参与到高校评价中,并且越来越多的第三方组织在政府与高校之间充当"缓冲机构"的角色⑤。基本上国内关于程序的独立研究不多,主要是教育行政部门主导,利益相关者参与,然后进行相关程序的流程落地,并对问题和成效进行评述研究。

3. 关于专业评估方式的研究

专业评估的目的不同,则评估的方式方法也有不同。学者马静娴以广东省高校本科专业评估模式为研究对象,提出多模型、全量化数据、研究型和应用型专业区别权

① 高正艳,王战军,杨旭婷. 一流专业建设达成度评价:内涵与特征[J]. 上海教育评估研究,2019,8(02):21—24.
② 刘虹. 五轮学科评估下高校人才培养评估指标体系的演变与展望[J]. 江苏高教,2024(10):81—87.
③ 周正柱,沈思含. 基于 CIPP - IPO 模型的应用型高校产教融合成效评价研究[J]. 中国高校科技,2024(01):67—73.
④ 毛太田,刘璨,刘于蓝. 基于 CIPP 模型的一流本科专业建设成效评价研究[J]. 上海教育评估研究,2024,13(06):1—7.
⑤ 谢雯,宗晓华,王运来,等. 新时代本科专业评估:逻辑理路、应用探索与发展趋向[J]. 中国考试,2021(11):1—9.

重、内审为主外部协助的开展方式,并在过程中保持动态调整和完善①。冯军等对新工科专业评估实施路径做了详细的研究,提出优化数字化评估指标体系、完善地方高校新工科专业认证通用标准、建立专业认证评估平台、建立专业校外认证激励与持续改进机制、推进管办评分离、完善评估机制等多种方式并行②。当前国内关于评估的专题研究很少,基本上都聚焦评估方案设计者的理论阐述,进而强调根据院校、专业特征、专业发展阶段结合适配的评估模型选择可落地的评估方式。

4. 关于专业评估意义、存在问题、改进措施及未来专业评估模式等的研究

关于我国专业评估的意义、存在的问题以及改进措施,几乎所有的专业评估研究文献都会触及。有关专业评估的意义,从我们收集的研究文献来看,国内学术界都认同专业评估对推动学校提高人才培养质量、提升办学水平、深化教学改革等方面都具有重要价值,专业评估是完善高等教育质量评价体系的有益探索。也有学者对评估的价值有更高层次的认识,如刘娟认为我国目前专业评估受到空前的重视,这与国家新时期推进"双一流"建设、"以本为本"、实现高等教育内涵式发展的政策推动直接相关,也与我国高校专业的特殊性及发展不平衡性有着密切联系③。

大多数学者在研究中,基本认为我国国内一流专业建设正处于初期阶段,且截至目前,教育部等相关政府部门尚未出台官方的、权威的评价标准体系。随着教育改革的不断深入,过去那些单一且日益趋同的量化评估方式,例如过分看重 SCI 指标、忽视质量而偏重数量的问题,以及过度聚焦于教育资源要素而忽视其他综合因素的状况,均已无法适应新时代高等教育对多元化与高品质发展的迫切需求。所以当前的改进举措研究多围绕专业分类评价、丰富学科评估参与主体、推动多方评估、回归"以评促建"基本功能、向多元评估转变等几个主流方向。

5. 关于专业评估结果处理方面的研究

评估结果的处理取决于评估方式和程序以及评估的数据结构。教育部组织的大规模的专业评估往往有专业的数据平台作为支撑。第五轮学科数据平台架构主要包含数据源层、数据处理层、应用数据层、应用服务层和应用访问层五个部分,能够完成

---

① 马静娴.高等学校专业质量监测评估:思路、方法和实践——构建广东省高校本科专业评估模式的初步探索[J].上海教育评估研究,2019,8(01):22—27.
② 冯军,路胜利,施建祥,等.地方本科高校新工科专业评估研究与实践探索[J].上海教育评估研究,2018,7(02):45—49.
③ 刘娟.以学生为中心构建高校专业评估模式[J].上海教育评估研究,2022,11(02):13—17,27.

评估需求与业务数据的对标,准确选择主题数据,根据评估详细说明确定取数口径及计算指标,将评估的详细说明落实到数据处理程序中,生成应用层数据[1]。也有学者基于python搭建了高校及专业排名数据可视化分析系统,实现了专业评估中行为数据的可视化呈现。对于专业评估数据的处理,基本上都是基于前期指标体系的量化数据收集进行定量分析,并基于已有的指标,高校进一步构建模型。

6. 关于专业评估质量保障方面的研究

当前,国内外高等教育质量保障的核心在于采用科学的质量评估体系,遵循既定的程序和步骤,对大学专业建设的效果实施质量监控、评估及审核流程,旨在验证高等教育及人才培养的质量是否达到了既定的目标水平。因而评估质量保障是评估结果公信力的前提,很多学者都强调重视利益相关者在评估过程中发挥的作用。胡万山指出,学生作为高等教育的全程参与者、体验者,在各利益相关主体中占有最为核心的地位,全力推进学生参与高等教育质量保障理论研究和实践探索具有重要意义[2]。也有学者强调多种评估方法的综合应用,确保评估数据的信效度。如王立非等在商务英语本科专业教育质量评估指标体系构建中采用跨学科方法,综合运用德尔菲法、AHP层次分析法、熵权法、信度分析法、因子分析法等5种方法,最大程度地确保商务英语本科专业教育质量评估指标体系的可靠性和有效性[3]。还有学者,如陈文智在推进本科专业质量管理信息化建设,确保获取高质量的评估数据中提出"定标准、建平台、先治理、后应用"的数据服务思路,以组织、制度、技术和流程为重点持续开展专业评估的数据采集,建立具有完整性、准确性、及时性、一致性的全域数据资产,并提炼形成了高校专业建设数据方法论,全量化采集各类数据信息,服务人事、教务、科研、教研、资产等七大数据应用场景,为专业评估提供扎实的数据基础[4]。专业评估质量保障方面,国内每一次专业评估在实践中都受到高度重视,并通过各种举措加以保证,毕竟评估结果

---

① 中华人民共和国教育部. 上海财经大学实施"五大工程"加强有组织科研[EB/OL]. (2024 - 12 - 18)[2025 - 06 - 09]. http://www. moe. gov. cn/jyb_sjzl/s3165/202412/t20241218_1167452. html.

② 胡万山. 学生参与高等教育质量保障的研究与反思[J]. 上海教育评估研究,2019,8(03):57—61,70.

③ 邵珊珊,王立非. 商务英语本科专业教育质量评估指标体系构建与验证研究[J]. 外语界,2022(05):41—49.

④ 陈文智. 数字化赋能高校教育管理信息化建设与应用的发展趋势[EB/OL]. (2024 - 03 - 20)[2025 - 06 - 09]. http://itc. Jnmc. edu. cn/2024/0329/c1949a155729/page. htm.

与专业发展所需的各种资源挂钩,也基本上都采用多方法采集,多形式验证,多利益相关者参与。

7. 关于国外专业评估及对国内启示与借鉴方面的研究

整体来说,国外关于专业评估的研究成果很多,研究对象主要集中在欧、美、日,尤其是美国高等教育的专业评估实践对我国影响较大。

饶燕婷详细梳理了美国高等教育专业评估从兴起到外部问责增加,再到专业评估的相关争议与未来发展趋势[①],认为我国仍需借鉴美国的经验,应着力加强专业评估制度和评估体系建设。吴雪通过梳理英国大学专业评估的内在逻辑,指出我国大学专业存在评估主体行政化、评估指标固化、评估结果应用功利化等问题,认为应该寻求适应中国大学本土特色和融通国际高等教育发展规律,坚持"四个服务"的政治方向,坚持"四个面向"的历史使命,构建"四位一体"的评估运行机制,走中国特色学科评估发展之路[②]。此外,比较多的还是各种案例研究,即基于国外某所高校的专业评估实践进行剖析,寻求可借鉴之处。常桐善基于加州大学利用本科生调查结果的评估实践经验,介绍了加州大学如何通过每8~10年的专业审核(Program Review),保障办学质量,并介绍了愿景和优先发展战略规划、科研、教育、教师录用战略计划五项指标的评价维度[③]。

8. 关于专业评估指标体系的研究

国内在综合评价指标体系研究方面越来越注重实践应用价值,而专业评估指标体系的研究基本分两类,一部分是基于某一类学科做评估指标体系的专题研究,如姜宁通过统计软件对安徽省环境类的专业评估指标体系的可靠性、有效性进行实证分析,在此基础上着重剖析环境类专业评估指标内容和结构方面所存在的问题,考虑其是否满足不断变化的、多样化的社会需求[④]。张敏以《普通高等学校本科教育教学审核评估实施方案(2021—2025年)》为主要依据,结合信管专业的学科特色,初步形成了4

① 饶燕婷.美国高等教育专业评估的兴起与应用[J].高教发展与评估,2024,40(01):84—95,123.
② 吴雪.英国大学学科评估的内在逻辑与中国学科评估的发展转向[J].福州大学学报(哲学社会科学版),2022,36(06):133—140.
③ 常桐善.学科评估要细听学生声音:加州大学利用本科生调查结果的实践经验[J].中国高教研究,2020(07):47—53.
④ 姜宁.高校环境类本科专业评估指标体系研究[J].应用型高等教育研究,2021,6(04):20—25.

个一级指标、16 个二级指标和 38 个三级指标,组成综合评价指标体系,根据两轮的专家意见将其修改为 5 个一级指标、13 个二级指标和 36 个三级指标,既包含定性指标也包含定量指标,力求通过新的指标体系研究加强信管专业建设[①]。还有很多学者研究大学整体的专业评估指标体系,如李诗婷梳理国内外以学生为中心的本科教育教学改革概况,及其对高校专业评估的意蕴,以及专业教育培养大学生发展的方式与考核手段,通过案例研究法,考察现阶段本科专业评估指标体系构建的现状与问题,用评估目标分解法和建构法,构建基于大学生发展的高校内部本科专业评估指标体系[②]。陈媛从师资队伍、课程建设、科技创新、社会服务等方面分析专业建设与学科建设的关系,提出建立学科专业一体化的评价体系[③]。黄潇等通过对目前安徽省土木工程专业评估指标体系的分析,对指标体系进行了扩充和完善,构建了新工科背景下基于 OBE 理念的土木工程专业评估指标体系,旨在通过评估提升土木工程专业的教育教学和人才培养质量[④]。另外,也有学者对高校内部专业评估指标体系进行了分类,认为主要有三种类型:一是对不同专业采用通用的评估指标体系;二是对不同专业采用具有本专业特点的评估指标体系;三是按照分类标准,把专业归成大类,再按大类制定不同的指标体系。

9. 聚焦于某一具体专业而进行的研究

这类成果大多是从某一具体专业的专业评估实践出发,有针对性地论述该专业的专业评估理论和实践问题。特别值得一提的是,从 2015 年开始,《高等工程教育研究》杂志开启持续聚焦并深耕于专业评估研究领域的成果推动,通过集中刊发,高质量文章阵营打造,产生了一定的学术影响。与此同时,以北航、同济高等教育研究所等为代表的知名高等教育研究机构,也积极投身于国内外工程专业评估研究的探索之中,数量上和质量上都极大地丰富了该领域的研究成果,更为我国工程专业评估学术体系的完善增添了重要力量。

目前来看,在有关具体专业评估的研究中,工程类专业是各专业中关于评估的研

① 张敏. AHP‑CRITIC 赋权下信管专业评价指标体系研究及其对教学改革的启示[D]. 太原:山西财经大学,2024.
② 李诗婷. 基于大学生发展的校内本科专业评估指标体系研究[D]. 广州:广州大学,2018.
③ 陈媛. 基于学科评估指标体系和一流专业考核指标体系的学科专业一体化建设研究[J]. 科教文汇,2024(05):6—9.
④ 黄潇,聂利青,王冬花,等. 新工科背景下基于 OBE 理念的土木工程专业评估体系研究[J]. 安徽建筑,2024,31(09):99—101.

究最为充分的。徐芳芳结合并聚焦专业评估的数据,分析了软件工程专业教育中存在的问题。同时,针对专业评估要求,还提出了教学内容、教学方法、实践教学体系等多个方面的具体改革策略①。王艳等阐述环境工程专业评估的作用,对评估指标体系中存在的弊端做了全面的探讨,提出了完善环境工程专业评估指标体系的对策,为各高校环境工程专业评估体系的完善及培养高水平的环境类人才提供示范和参考②。除以上研究成果之外,一些早期有关教育评估的著作也涉及专业评估内容。如1992年许建钺主编的《高等学校教育鉴定与水平评估》,在评估类别中用了一章的篇幅对专业评估类型中的合格评估、水平评估、选优评估等进行论述;史秋衡教授的《高等教育评估》构建了一个有指导性的高等教育评估理论体系,其中也涉及专业评估。乔玉全的《21世纪美国高等教育》、李家宝的《一流大学的管理和改革》等都提出了专业评估的一些基本原则、方法以及专业教学改革措施的设想。王建成的《美国高等教育认证制度研究》则以美国专业评估中最重要的专业认证这种形式从制度角度进行了综合性研究。所有这些著作,都对我国专业评估的理论研究和实践发展有一定的促进作用。

四、研究目的与方法

(一)研究目的

本研究的总体目标旨在大范围整理和分析国内外关于高校专业评估的学术成果与实践经验,提炼并横纵向对比多种专业评估方法的优势与不足,结合我国高等教育实际,推荐最契合、最具科学性和可操作性的评估方法,并对与专业评估有关的各种技术进行较为详细的分析和说明。

本研究的分目标:一是研究和梳理国内外高校专业评估的有关假设、理念和理论;二是在研究高校专业建设内涵的基础上,研究专业评估的内涵;三是研究各种专业评

---

① 徐芳芳.专业评估背景下软件工程教学改革探究[J].信息系统工程,2024(11):153—156.
② 王艳,范行军,朱琳,等.环境工程专业评估的建设与思考[J].山东化工,2021,50(01):170—171.

估方法、模式和指标体系的特点,分析其优劣和适用范围;四是对专业评估的各种技术进行详细研究;五是初步研究专业评估的规范化问题,包括评估制度建设等;六是初步研究专业评估的伦理道德问题,如,对评估主体、评估客体、评估专家及其他评估相关者提出相应的伦理规范和要求。

(二)研究方法

基于本研究价值成果展现的需要,主要结合下述三种研究方法来开展:

一是文献分析法。在大量规整前人研究的基础上,继续搜集、整理和分析中外相关文献资料,从而对本课题的研究现状、研究热点、存在问题和发展趋势等有更深入的认识和了解。将特别关注国外学者有关专业评估的理念、理论和方法的研究文献。

二是比较研究法。在文献研究的基础上,对中外高校专业评估理论、指标体系、评估方法和评估技术等进行比较研究。从技术层面详细解析高校本科专业评估所需的各类技术,介绍评估技术的基本概念、使用方式和专业评估指标的权重赋值方法,探讨数据收集与处理技术,以及专业评估值的计算方法,通过实际案例展示评估技术在不同场景下的应用。

三是案例研究法。以近年来美国、中国地方教育厅专业评估活动为案例,较详细地分析其评估理论依据、评估方法、评估指标体系特点及采取的相关评估技术,并根据相关评估数据和资料,尝试对我国高校本科专业评估方案进行新的探索。

第二章 教育评价理论

【核心内容】

本章系统地回顾了教育评价理论的发展历程，分为五个主要阶段：测量时代、描述时代、判断时代、第四代评估以及智能时代。每个阶段都有其独特的理论和方法，从早期的以测量和测试为核心，到逐渐加入描述、判断，再到关注利益相关者的多元参与和心理建构，最后到利用大数据和智能技术进行全面评价。

在测量时代，教育评价主要通过客观测量工具进行，强调结果的数量化和客观化。然而，这种方法忽视了对学生全面发展的关注。描述时代由泰勒的目标评价模式主导，通过细致观察并测量学生行为上的具体变化，来评估教育目标实现的程度，这标志着教育评价从单纯关注结果转向了同时重视教育过程中的描述性评价，即不仅评判学习成果是否达成预定目标，还开始详细记录、分析并解释教育实施过程中学生成长、教师教学策略及学习环境等多方面的动态变化。判断时代引入了以决策为导向的评价模式，如 CIPP 模式，强调对教育决策的评价和目标合理性的判断，推动了教育评价的科学化和系统化。

第四代评估理论以库巴和林肯的回应协商模式为代表，强调评价是参与者共同的心理建构过程，重视利益相关者的多元参与和价值协调。这一时期的评价方法更具人性化和民主性，强调评价的方向是面向未来，旨在促进学校发展和提升教育效能。

大数据时代的教育评价利用现代信息技术，如大数据和人工智能，开展全面、动态和智能化的评价。这一时期的评价更注重学生的纵向学习过程和横向发展的全要素整合，强调智能化、服务导向和立体评价，致力于构建更加全面和科学的教育评价体系。

总体而言,本章通过对教育评价理论的历史演进和不同阶段特征的详细分析,揭示了教育评价理论的发展趋势,即从单一的测量向综合性的、多元化的评价转变,并逐渐融合现代技术,推动教育评价的智能化和全面化发展。这些理论为当前和未来的教育评价改革提供了重要的参考和指导。

引　言

　　教育评价是指在一定教育价值观的指导下,依据确立的教育目标,通过使用一定的技术和方法,对所实施的各种教育活动、教育过程和教育结果进行科学判定的过程①。2020 年 10 月,中共中央、国务院发布了《深化新时代教育评价改革总体方案》,该方案高屋建瓴地提出了系统性推进教育评价改革的战略部署,提出构建一个既符合世界一流标准,又彰显中国特色的教育评价体系。通过系统梳理和分析教育评价过往的研究成果及其演变历程,能够推动未来研究更好地聚焦我国专业评估实践中的议题,并为教育评估的前瞻性改革提供极具价值的学术参考。

　　回顾教育评价学理演进与实践应用的历程,其发展脉络可以根据教育形态划分为三个阶段:古代的笔纸考卷阶段、近现代的量表测试阶段以及当代的科学评价阶段。教育评价最初形态是为古代学校初步检测学生所服务的一种实践,虽然中国有《学记》,但仍称不上是科学的理论框架,其更偏向教育实践中行为标准的抽象化提炼,所以封建王朝时期的教育评价虽然周期跨度较长,依旧缺少科学的评估理论沉淀。

　　直到 20 世纪初,教育测量如火如荼地开展,极大地推动了教育评估的进步,在这场以追求教育效果评估客观性为目标的运动中,教育评价的科学化、系统化也开始萌芽。"教育评价"这个概念最早是由美国著名教育学家泰勒(W. R. Tyler)在其主导的"八年研究"中提出来的,当时就引起了极大的轰动,之后关于教育评价的理论如雨后春笋不断丰富。不同时代下,教育评价所展现的多元价值取向,本质上是教育评价理论和经济社会发展的同频式飞跃,这一过程,不仅是教育评价本身经历"建构—解构—重构"的转型,更是"个人—组织—社会—个人"间循环往复、否定之否定的辩证历程,从单一维度的聚焦到双极对立的探讨,再到多极化视角的拓展,这一递进趋势不仅彰

---

① 王景英.教育评价(第二版)[M].北京:中央广播电视大学出版社,2016:2.

显了教育评价在方法论上的丰富与深化,也体现了本体论与价值论之间既对立又统一的辩证关系。这一过程也是教育评价紧随时代步伐,不断适应、创新与发展的生动写照。

在教育评价的理论领域,其概念性界定在学术辨析中内涵和外延不断清晰并逐渐彰显,从泰勒首次提出到围绕概念本身的学术争鸣,教育评价的定义逐渐由单一界定走向综合理解,这一过程也反映了教育评价研究者对概念本质理解的深化与精准把握。可以说,早期学者这种对教育评价概念本质的深刻洞察,也推动了教育评价实践迈向新的高度。本研究基于重大学术事件,系统梳理了教育评价不同历史时期的发展历程和主要学术观点。

一、测量时代的评价理论(1930 年之前)

18 世纪前的西方学校,尚未普及平民教育,考试以口试为主,形式单一。直到 18 世纪初迎来了转折,英国剑桥大学率先引入笔试作为考试方式,开启了西方学校考试的新纪元。随着 1845 年美国波士顿市初等教育的日渐普及和学生数量的陡增,口试的弊端越来越明显,于是教育委员会紧随其后,也在美国范围内广泛采用笔试。实践中笔试以其客观性、可靠性和高效性迅速取代了口试,但其评分过程中的主观偏见和题目覆盖面的局限性也引发了评估方式的改良诉求,进而催生了测验方法的诞生①。

从中世纪文艺复兴和启蒙运动开始,西方自然科学在研究的方法论上不断革新,如量表测定、结构化观察和准实验的引入,推动了科学发展的同时也影响了教育测量运动形成声势。20 世纪初,英国心理学家斯皮尔曼关于一般智力的研究,以及美国心理学家桑代克《心理与社会测量导论》的出版,正式拉开了教育测量运动的序幕。在法国,受卢梭"自由、平等、博爱"等启蒙思想的影响,社会开始大量关注并关怀身心有缺陷的儿童。为了迎合社会需求,比纳等人在 19 世纪末设计了一套智力测验方法,旨在区分因懒惰与因智力低下而导致学习困难的学生,并探索相应的教育补救措施。1905

---

① Stufflebeam D L, Shinkfield A J. Evaluation Theory, Models, and Applications 2nd ed. [M]. San Francisco: Jossey-Bass, 2014.

年,在西蒙的协助下,他们完成了著名的比纳-西蒙智力量表,该量表通过30个精心设计的项目,全面评估学生的记忆、理解、手工操作等多方面的智力表现,为区分异常儿童与一般儿童提供了科学的评估依据,并对前者实施了特殊教育。

比纳-西蒙智力量表的问世不仅推动了教育测量的体系化、数据结构化的进程,还激发了美国许多州教育管理者对大学生智力测验的兴趣,进一步促进了教育评价理论与实践的科学化进程。由于这个阶段的评价主要是编制和选择测量工具、组织和实施测量、提供测量数据和评价结果,所以这是以工具为导向、以测量为标志的评价,学术界把教育评价的这一时期称为"测量时代",也称为评价的第一代。在这个时代,测量指向的是一个个的学生,关注的是如何将个体的"智力"用具体的数量表达出来,既未涉及教学过程,也不涉及对教师、学校的评价。

该阶段的特征是:首先,教育评价者主要被赋予测量员的角色,从事选择测量工具、进行测量、采集测量数据、提供测量结果等工作[①]。其次,教育评价侧重于评价结果的数量化、客观化,其主要标志是测量理论的形成和测量技术、手段的大量应用。现在常说的"智商"这一概念就是在测量时代提出的。此外,在这个时期也产生了大量的智力测验,许多经典的智力测验现在仍有巨大的影响力。但是在这一阶段的教育评价理论中,学生仅仅被当作学校这个"工厂"中的"产品"。

这一时期,国外影响力比较大的教育专业评估是基于心理学的测量模型进行定量研究,如1879年冯特在德国莱比锡建立了第一个心理学实验室,1864年英国格林威治医院附属学校教师费舍编制的《量表集》,作为度量学生各科成绩的标准等,教育评估的特征基本都是"以工具为导向、以测量为标志",这些教育评估的事件化摸索,极大地丰富了教育评估数据来源。

彼时,中国仍处于清朝风雨飘摇、民国军阀混战且政权更替频繁的阶段。1918年,来自美国的学者瓦尔科特在任职清华学校期间,采用了由推孟先生修订后的比纳智力量表,对校内四年级的学生进行了小范围的智力评估。与此同时,中国的俞子夷先生也致力于教育测量工具的本土化,他创造性地设计了一种专门针对小学生国文毛笔书法水平的评价量表,只是当时并未能广泛普及,影响力较小。

到1920年,教育评价领域的科学化进程终于迈出了重要一步。这一年教育先驱

---

① 高文豪."第四代评价"理论视阈下实战化教学督导分析——以中国人民公安大学为例[J].北京教育(高教版),2020(02):43—46.

廖世承教授与陈鹤琴教授在南京高等师范学校（南京师范大学前身）率先开设了心理测验相关实践课程，不仅传授理论知识，更付诸实践，成功运用心理测验量表对学生进行了实际测量，这一举措标志着科学心理测验在我国教育领域的正式起步与应用，为我国现代教育评价体系的建立奠定了初步的基础。相对来说，我们的教育评估起步晚，本土化和属地化研究不足，学术基础薄弱，还没有形成有代表性、系统化的教育评估理论。

二、描述时代的评价理论（1930 年—1945 年）

1930—1945 年左右，是教育评价的诞生和形成期，其中以泰勒目标评价模式的提出为代表。20 世纪 30 年代，美国和世界其他国家一样，正处于经济大萧条的深渊。由于缺乏资源和教育悲观情绪，学校和其他公共机构停滞不前。正如富兰克林·罗斯福试图通过新政计划带领美国经济走出深渊一样，杜威等人也试图帮助美国的教育成为一个充满活力、创新和自我更新的系统。这场"实用主义哲学"指导下的运动被称为进步教育，随后便开始了著名的"八年研究"。泰勒也卷入了这场运动的研究中。

当 1941 年"八年研究"受制于"二战"影响结束时，以俄亥俄州立大学的教授拉尔夫·泰勒为首的学院追踪研究组，对"八年研究"的结果进行了评价，并制定了评价教育实验成功与否的九大标准。随后的一段时间内，流行的观念是：评价是一个过程。学术界常说的"形成性评价"就是在这个时期出现的，在这一时期，评价者的角色发生了显著转变，他们不再仅仅是旁观的"测量技术员"，而是转变为充满人文关怀与教育洞察力的"描述者"，评价者不再仅仅关注于量化数据的收集与比对，而是更加侧重于描述教育目标与实际教育结果之间的一致程度，以及这种一致性背后所蕴含的教育价值。泰勒将教育评价定义为"以目标为中心，通过具体的行为变化来判断教育目标实现的程度"，泰勒的理论强调了教育评价的全面性、系统性和目标导向性，为教育评价领域树立了新的标杆。泰勒也因此被誉为"当代教育评价之父"，描述时代又被称为教育评价的泰勒时代。参见表 2.1。

表 2.1　泰勒模式的优劣势分析

优势	劣势
聚焦目标:一切评价过程都必须围绕教育目标,用预定的结果作为尺度去衡量教育活动的变化情况,使学生行为有了目的性和计划性,提高了评价的指向效果。	过于偏重认知层面:在评价内容方面,泰勒模式过多地关注认知层面的目标达成情况,却忽视情感和心智的成长。这可能导致评价结果无法全面反映学生的综合素质。
综合描述:评价过程中不仅要报告学生的成绩,更要描述教育结果与教育目标的一致程度,从而发现问题,改进课程教材和教育教学的方案、方法。以"描述"为主的评价弥补了通过纸笔测验学生简单技能的模式短板。	评价方法单一:在评价方法方面,泰勒模式过分依赖纸笔测验,较少使用教育观察、调查、作品分析等过程性评价方法。这可能导致评价结果的片面性和局限性。
多维评价:评价不仅在学生身上,也关注到教学的其他方面,评价者必须对教学目标、教学的行为目标以及目标实施的程序等方面有所了解,因此拓展了教育评价的范围,促使了教育评价进一步科学化。	教育目标表述问题:在评价实施方面,泰勒模式的教育目标表达呈现出学术化倾向,较少使用教师行为术语来描述教育目标,这可能导致教育目标难以有效落实和客观评价。

　　泰勒基于自己提出的教育评价目标模型,制定了一套系统化的课程与测验编制原则,并构想旨在将社会的广泛需求与学生个人的深切期望巧妙地融入课程与测验的设计之中,以此确保教育内容与评估方式能够全面反映并满足这些多元化的需求。尤为重要的是,泰勒正式且明确地引入了"教育评价"这一概念,它不仅仅是一个术语的提出,更是教育理论与实践领域的一次重大飞跃。在泰勒的视角下,教育评价成为一个衡量标尺,用以精确判断实际教育活动与教育预设目标之间的契合程度。换言之,它是对教育成效的一种量化与质化并重的评估过程。

　　值得注意的是,泰勒强调测验仅是教育评价众多手段中的一个而非全部。他认为,虽然测验在收集数据、量化分析方面具有不可替代的作用,但教育评价应超越单一的测验形式,融入更多元、更全面的评估方式,以更准确地捕捉学生成长与发展的全貌。因此,泰勒的教育评价理论鼓励教育者采用综合性、多维度的视角,来审视和评判教育的实际效果[①]。所以,教育评价首先要明确真实目标,为什么要评价。目标确定

---

① 卢立涛.测量、描述、判断与建构——四代教育评价理论述评[J].教育测量与评价(理论版),2009(03):4—7,17.

后才考虑如何评价,即评价情境如何设计、评价工具如何选择以及评价量表如何编制,最后才是评价结果的应用问题。

泰勒课程评价模式的诞生,被普遍认为是课程评价领域里程碑式的成果。在此之前,教育评价尚未形成一个独立的科学体系,其定义往往被简单的测试所模糊,这种模糊不仅限于课程评价,甚至蔓延至整个教育评价范畴。测试,在当时主要被视为一种筛选工具,用于鉴别学生的特定特征与能力,而测试结果的分析也往往聚焦于学生个体,倾向于将教育成效的不足归咎于学生本身。泰勒的课程评价模式不仅强调对教育目标达成度的系统性评估,还倡导多维度、多层次的评价方法,从而推动了教育评价从单一测试向全面评估的转变。随着泰勒模式的兴起,教育评价逐渐渗透至各类教育活动中,成为教育过程中不可或缺的一环,其重要性也日益被学术界所认可。然而,正如任何理论或模式都不能做到适用于任何时代一样,泰勒模式在实践发展中也面临着来自各方的批判与质疑。这些声音也是促使我们不断反思与改进的内生动力,推动教育评价领域向着更加科学、公正、全面的方向发展。

而在这一时期,我国仍处于战乱纷飞的破碎年代。加上"七七事变"后日本开始全面侵华战争,整个国家处于炮火之中,学术研究受到重创,也殃及教育评价体系的理论研究与发展,以至于泰勒"8年研究"的成果未在国内掀起波澜。

三、判断时代的评价理论(1946年—1970年)

1957年10月,苏联成功发射第一颗人造卫星,这一划时代的壮举在美国国内引起了巨大的恐慌和教育界的紧迫感,促使美国决心在军事与科技领域重整旗鼓。为增强国家竞争力,提升教育质量,次年,美国国会迅速响应,颁布了具有里程碑意义的《国防教育法》,该法令不仅大幅增加了教育经费的投入,还明确要求实施课程改革与教学改革,并强调对改革成效进行系统性评估。教育成效的滞后被视为国家落后的症结所在,这一认知激发了新一轮的教育革新浪潮,同时对教育评价体系的科学化,提出了更为严格的要求。

进入20世纪60至70年代,布卢姆的教育目标分类理论引起不小的轰动,一定程度上也丰富了泰勒模式的内涵,推动其影响力持续扩大。与此同时,学术界在反思与批判泰勒模式的基础上,创新性地发展出了一系列新的教育评价模式,如系统分析模式、行为目标模式等,其中CIPP模式以其独特的视角和实用性价值得到大量的应用和推广。

　　CIPP模式,由斯塔弗尔比姆及其团队在20世纪60年代末至70年代初精心构建,旨在解决传统目标评价模式在应对复杂教育情境时的局限性。时代背景是,为了有效评估美国政府资助的课程改革计划的成效,斯塔弗尔比姆及其团队起初采用了泰勒的目标评价模式,然而,这一尝试在实践中很快遭遇了挑战:面对学生群体的多样性,评价者们发现难以就课程目标达成一致的定性描述,直接导致了评价标准的模糊性。更为关键的是,泰勒模式的显著局限在于其评价报告的提交时间——通常仅在课程实施结束后进行,这意味着在课程推进过程中遇到的诸多问题无法被及时发现和解决。于是斯塔弗尔比姆与他的同事们认识到,必须确立一种新的评价模式,为课程决策提供有用的信息。评价不是为了证明(prove),而是为了改进(improve),即评价不应仅仅是对既定目标的验证,而应成为推动教育改进与决策优化的有力工具。因此,CIPP模式将评价过程细化为背景、输入、过程和成果四个紧密相连的环节,强调全面、动态地审视教育活动的各个环节,为决策者提供及时、准确的信息支持,教育评价由此进入以决策为导向、以判断为特征的第三代。参见图2.1。

图2.1　CIPP评价模式

　　斯塔弗尔比姆提出的CIPP评价模式由于理论和步骤较为完整、评价理念较为先进而备受学界推崇,不同研究领域的学者根据实际研究实践需要对评价维度进行"学术"解读和意义建构并运用于现当代教育评价之中,对教育评价、教育保障、高等教育研究等领域产生了深远的影响。今天很多地方所推行的学校办学阶段性的评价,大多采取这样的范式。

　　总之,这个时期的判断理论以决策为导向,以判断为特征,其价值取向指向社会效用,不仅要运用一定的测量手段去收集各种参数,还要制定判断标准与目标。评价不仅仅是描述,还需要做到为决策提供信息;不仅仅是描述教育"实际是什么样",还需要提供教育"应该是什么样"的信息。这个阶段的评价理论超越了目标模式,提供了更立体、更广泛的评价视角,从对教育需要的调查开始,包括需要、问题、目标、条件、计划、实施、结果以及结果的影响等教育过程的所有阶段,对教育过程的不同阶段、不同方面进行评价,提高了人们对评价活动的认可程度。

这一时期,教育评价者扮演评判员的角色,而非早期的测量员,强调评价不仅要以目标为中心,更要注重对决策的评价。评估者不仅要关心课程编制者规定的目标,检验这些目标达成的程度,更要注意对目标合理性的判断,关心所做的决策以及决策的依据。代表性的 CIPP 模式、应答评价模式对当时的教育评估起到了承前启后的影响,让教育评估和社会效用挂钩,极大地增加了社会对教育评估的专业认可和参与度,教育评估的视角也从这一时期开始变成形成性评价、诊断性评价和终结性评价的结合,其影响深远,比如翻转课堂教学评价体系的建构,对我国职业教育高质量评估体系的结构要素观具有启发意义等。

四、第四代评估理论(1970 年—2004 年)

自 20 世纪 70 年代以来,"考评"(assessment)一词在欧美学术文献中的使用频率显著上升,逐渐超越了传统的术语"评价"(evaluation),成为教育评估研究领域出现最为频繁的词汇之一。这一现象正如美国斯坦福大学杰出教授艾略特·W. 艾斯纳(Elliot W. Eisner)所观察到的那样,"评价"一词虽在美国教育文献中已有一定历史,但作为一个较早的概念,其流行度已逐渐减弱,"考评"一词却坚定地将它向前推进[1]。

进入 20 世纪 80 年代,由库巴和林肯共同撰写的《第四代评估》一书,标志着评价理论的又一次重大革新——第四代评价范式的诞生。这一范式以"回应协商"为显著特征,强调将利益相关者的观点、关切及争议作为评价活动的核心驱动力,并据此确定所需的信息收集框架。它特别适用于建构主义的研究范式,展现了与前几代评价理论截然不同的视角和方法。

首先,在对评价本质的定性上,该理论认为,教育评价并非孤立的技术操作,而是

---

① 陈晨. 潘苏东. 美国全国教育进展评价体系的发展历程:40 年回顾[J]. 外国中小学教育,2009(12):14—18,39.

一个涉及所有参与评价活动的利益相关者共同心理构建的动态过程。这一视角摒弃了传统"证实"为主的评价观,即实证主义倾向下追求"纯粹客观""独立于个体之外"的事实真相,倡导一种"探索"式的评价路径,强调在复杂多变的教育情境中,通过对话、协商和共识构建来理解评价对象及其背景。

其次,在评价主体的构成与角色定位上,该理论实现了重大转变。它明确反对前几代评价理论中将评价者与评价对象人为割裂的做法,转而强调多元利益相关者的广泛参与和实质性互动。这意味着,评价不再是由少数专家或权威主导的单向过程,而是所有相关方(包括学生、教师、家长、管理者乃至社区成员等)共同参与、表达诉求的协商平台。第四代评估理论尤为重视各参与主体的价值诉求和话语表达,鼓励并保障他们的话语权,同时激发评价对象的内在动力,使他们从被动接受评价转变为积极参与自我评价和同伴评价的主体,从而被视作完整、鲜活的个体,而非传统评价体系下被抽象化、对象化的实验品。

最后,该理论认为评价的方向是面向未来,评价的目的在于促进学校的发展、学校效能的提升、能力的增长和发展氛围的和谐;评价内容注重全面性和整体性;评价主体强调多元性、参与性和合作性;评价方法主张多样化;评价指标强调个性化和弹性化;评价关系追求平等协商;评价的结果重视共同认同。

这一时期被称为教育评价的心理建构时期,此时基于评价研究者的反思,评价观念也经历了新的审视,即教育评价的核心在于价值判断,这一认识标志着评价从单纯的事实描述转向了更深层次的心理建构过程。此后观念进一步发展,认为评价是评价者与被评价者协商,共同进行的,在此框架下,评价不再是评价者单方面的行为,而是双方通过不断地对话、协调,努力缩小价值标准间的分歧,逐步接近并达成广泛共识的过程。例如斯塔克的应答模式,重视所有参与评价者的观点和看法。评价应以融通不同利益相关者的利益为着力点,根本任务是通过协商将不同环境下形成的意见、价值进行统筹和融合,进而弥合分歧,达成共识[①]。

在教育评估的心理建构时期,主要流行教育评价价值协调论和评估结果认同论。前者认为在评价实践的场域中,评价者之间以及评价者与被评价对象之间,往往因各自主观性的教育价值观而展现出多元化的特征,正是这种差异构成了评价过程中不可

---

① 雷月荣,赵雪. 第四代评价理论视角下我国德育评价的现实困境与突围之策[J]. 教育理论与实践,2023,43(01):28—32.

忽视的复杂性。为了达成有效且公认的评价结果,关键在于促进评价者与被评价对象之间教育价值观的协调与趋同,减少对评价标准认知上的分歧与冲突,直至凝聚成广泛接受的一致性结论。同时,也有观点认为,由于参与评价者的职业、年龄、身份等基础构成是多样的,以致他们的认知水平、生理基础、心理特质、文化素养乃至背后的信仰都各不相同,这些因素深刻影响着评价活动的进行。

因此,评价结果的产生并不一定能简单地反映评价对象与客观现实之间的吻合程度,而是一个更为复杂的过程——它依赖于评价者之间就评价对象状况展开的深入交流、意见交换与最终的结果认同。这一过程体现了评价活动的主观性与建构性,强调了评价参与者在形成评价结果中的主体性和能动性。这一时期得益于现代技术的飞速发展,国内的教育评估也逐渐开始借助现代技术手段,实现了对学生学习情况较为全面、准确的评估,为个体学习和教育决策提供了更好的支持和指导。

五、教育评价的智能时代(2005 年至今)

21 世纪,全球开始进入多学科扩展时代,教育评估诉求被各国所正视。世界各国已有 50 多个专业评估机构,如法国、挪威、斯里兰卡[1],其中许多都是在 2005 年之后成立的。联合国教科文组织也多次强调教育评价,从 2002 年开始,它就把评价与监测联合在一起。随着移动智能终端的普及,大数据成为当今社会发展的一个重要的时代表征,改变着人们生产、生活和理解世界的方式。一般来说,大数据指常用数据库软件无法获取、存储和管理的数据集,具有大容量、高速度、多样性、价值性等特点,需要有效的技术来分析与处理[2]。

受益于大数据、人工智能等技术的发展,教育评价迎来了第五代变革,其中对学生的立体评价是应有之义。大数据被广泛应用于教育评价,成为现代教育评价的重要支撑,大数据支持下的立体评价、即时评价、动态评价和发展评价,建构了一幅教育评价

---

① Kellaghan T, Stufflebeam D L. The CIPP Model for Evaluation [M]. Berlin: Springer Wetherlands, 2003.
② Chen M, Mao S, Liu Y. Big Data: a Survey [J]. Mobile Net-works and Applications, 2014, 19(02):171 - 209.

的全新图景①。立体评价要求将学生纵向学习的全过程与横向发展的全要素整合起来，要求尊重学生人格的完整性、表现的日常性、成长的动态性、发展的差异性，不仅强化传统评价的功能，还将引领学生学习、教师教学、学校管理等的根本性变革。

智能时代的浪潮正引领着教育领域发生深刻变革，其中智能教育随之兴起，而智能教育的蓬勃发展则需要更加先进的智能评价体系与之适配。当前，教育评价正逐步迈入以服务为导向、智能化为核心特征的第五代评价时代，这一时代也被誉为"教育评价的智能时代"。这一转型是科技进步、教育深化发展以及时代需求等多重因素交织作用的必然结果，它鲜明地展现了现代智慧教育对智能化评价体系的迫切需求。

在这一时期，国外教育界利用大数据技术进行教育评估的实践案例层出不穷，展现出比较丰富的创新成果。以美国为例，自2001年颁布《不让一个孩子掉队》这一具有里程碑意义的教育法案以来，便积极推动教育数据采集处理技术在教育评价中的深度融合与应用，当时的很多学者都认为教育行为数据能够赋能不同评估受众、不同评估导向的教育评估工作，从而为教育决策提供更为精准、科学的数据支持。美国还建立了包括国家级、州级（State-level）、学区级（District-level）以及校级（School-level）在内的各级各类教育数据系统（Educational Data System）服务于教育问责体系②。这些数据系统之间相互关联，数据互通，形成立体化数据网络，为美国教育评估用大数据的获取提供了基本的依托。而英国利用学情大数据推出的《学校督导手册》，提出从五个维度对学校进行评估督导，并明确了判定学校等级的标准、评估依据和范例。我国各种教育评估方案也是层出迭见，如中共中央、国务院印发的《深化新时代教育评价改革总体方案》中就明确提出："创新评价工具，利用人工智能、大数据等现代信息技术，探索开展学生各年级学习情况全过程纵向评价、德智体美劳全要素横向评价。"这无疑指明了学生评价改革的范式走向——立体评价，将学生纵向学习的全过程与横向发展的全要素整合起来进行更全面、更客观、更科学的评价③。

大数据时代的教育评估，其影响力之大，评估范围之广，利益相关者之多，远超其

---

① 吴志琼.大数据赋能教育评价改革　全面提升教育的温度精度效度[EB/OL].（2023-07-06）[2025-06-06].https://m.12371.gov.cn/app/template/displayTemplate/news/newsDetail/5452/445662.html.

② 郑燕林，柳海民.大数据在美国教育评价中的应用路径分析[J].中国电化教育，2015（07）：25—31.

③ 刘云生.学生立体评价的探索构想[J].人民教育，2020（21）：17—21.

他时代,甚至溢出教育界与其他领域的评估舷筹碰撞,产生了很多新型的评估模型,比如国内测评学生分班的聚类分析模型、美国 Kick Up 教育评估公司专注教师测评的标准化 SaaS 模式,等等。

在这样的时代背景下,我国教育学者更应保持清醒,不被数据之上的喧嚣言论所裹挟,虽说量化研究作为推动教育研究科学化的重要途径,其作用不可否定,但这并不意味着教育研究应全然基于数据来展开一切研究,或将其视为得出研究结论绝对的标尺。相反,我们应秉持一种辩证而理性的态度,正视数据的价值,同时警惕其局限性。教育评价理论的迭代,源于人们对提升教育效率的渴望和追求,我们可以从不同时代、不同特点的教育评价理论中汲取精华,从测量时代的理论中了解到教育评价的测量工具应当"精确""客观";从描述时代的理论中我们知道了评价不仅仅是对结果的描述,更有对过程的描述,这种形成性评价能够指导我们日常的改进;从判断时代的理论中我们看到评价不仅仅关注是否达成原定目标,还需要看这个目标是否合适,等等。从当前世界各国教育评价理论的发展来看,可以概括出以下几点未来的发展趋势:

(一) 量化工具与质性方法的协调性融合

教育评价不再像早期测量时代那样依赖量化方法,而是越来越注重质性方法的引入与结合。这种融合不仅丰富了评价手段,还增强了结果解释的人性化和民主性,体现了以个体需求为中心的心理建构理念。同时,评估指标体系和制度的深入研究促进了理论与实践的紧密结合,为教育评价提供了更为坚实的理论支撑和实践指导。

(二) 地方化评价趋势的日渐兴起

随着管办评分离,教育管理权限的下放,地方性评价活动日益增多,在很多国家教育评价实践中甚至成为主流,这种趋势不仅增强了一线教育评价的可操作性和针对性,还促使地方政府更加积极地投入本地区教育资源的优化配置与效果评估中,有效地推动了以地区为单位的教育改革与发展,也极大地调动了利益相关者参与教育评价的热情。

（三） 过程评价与结果评价并重，强调评价的改进功能

教育评价模式正经历从单一结果评价向过程与结果相统一的转变。新的评价模式不仅关注教育方案执行后的结果是否符合预设目标，更重视在方案实施过程中及时发现问题、进行反馈与修正。这种转变充分发挥了评价在过程中的改进功能，使得教育评价更加贴近教育实践需求，有助于教育方案的持续优化和完善。

（四） 发展性评价理念，提升被评者的参与感

发展性教育评价理念逐渐成为共识，强调评价不仅要关注结果，更要关注过程；不仅要鉴别和选拔，更要促进发展。这一理念促使评价者更加重视对教育方案执行全过程的监督与调控，鼓励被评者积极参与评价过程，共同承担促进教育发展的责任。在平等民主的互动评价中，评价者与被评者形成了良好的合作关系，共同促进教育质量的持续提升。

（五） 学术性组织推动评价研究深入发展

在全球范围内，特别是在美国、加拿大、英国、澳大利亚、新西兰等国家，大量学术性组织的涌现为教育评价研究及成果交流提供了重要的交互平台。这些组织不仅促进了研究者之间的跨学科、跨机构合作与交流，还通过思想碰撞与知识迁移、共享推动了教育评价研究的深入发展。此外，学术性组织的建立还为教育评价研究提供了体制上的保障和支持，促进了研究成果的转化与应用①。

---

① Gardner J K, Rall L C, Peterson C A. Lack of Multidisciplinary Collaboration is a Brrier to Outcomes Research [J]. Journal of the American Dietetic Association, 2002,102(1):65 - 71.

【核心内容】

　　我国普通高校本科教学评估与专业评估具有内在的逻辑关系,在自下而上的高校内部评估与自上而下的国家评估的双重作用下,遵循着渐进式制度变迁的逻辑。纵观我国 30 多年高校专业评估发展历程,工程专业认证和师范专业认证是我国目前范围最广、影响最大、成效最为显著的两类专业评估实践形式。本章从我国本科教学评估、工程专业认证和师范专业认证三个角度梳理我国专业评估的发展脉络及其阶段性特征,为本书后面章节的内容安排奠定历史和理论基础。

第三章　我国高校本科专业评估的产生与发展

引　言

随着我国高等教育由精英化走向大众化再到普及化，教学质量与人才培养成效成为教育治理体系中亟需回应的核心议题。在此背景下，高校本科专业评估作为外部质量保障体系的重要组成部分，逐步走向制度化、体系化与规范化。其发展轨迹不仅映射了我国高等教育治理理念的演进，也体现了对内涵式发展与分类管理的高度重视。本章旨在从历史维度、制度演化与政策逻辑等方面系统梳理我国高校本科专业评估的产生与发展过程，揭示其制度设计的内在机制及其对高等教育质量提升的深层影响。

本章以三种主要评估路径为核心展开：一是自 20 世纪 80 年代起由高校自发试点并逐渐制度化的普通本科教学评估制度，二是以国际接轨与技术标准为导向的工程专业认证体系，三是服务国家教育强国战略、着眼师资培养质量保障的师范专业认证机制。三者既呈现出政策演进的阶段性逻辑，也体现了评估制度在评估理念、操作机制与实施路径上的差异化发展趋势。

通过对普通本科教学评估的发展历程梳理，可以观察到从合格评估、优秀评估、随机评估到"审核评估"的转型，不仅反映了评估功能从"达标"向"改进"的功能拓展，也体现出高校从被动接受评估向主动自我诊断、自我提升的主体转变。工程专业认证的发展则凸显了专业评估与国际标准对接的制度逻辑，"OBE 理念—认证标准—多元评估机制"的路径构建，推动我国工程教育质量保障体系逐步获得国际认可。与此相对应，师范专业认证在构建中国特色教师教育体系、规范师范人才培养质量方面逐渐发挥关键作用，其引入的"产出导向、学生中心、持续改进"等理念，推动我国师范教育从资格认证走向专业胜任力导向。

综上所述，本章以系统回顾我国高校本科专业评估制度的生成逻辑与发展路径为基础，不仅为后续章节关于评估机制运行、评估效果评价与国际经验借鉴奠定理论与历史基础，也有助于厘清当前高等教育评估改革的核心议题与未来走向。

一、我国高等教育本科专业评估的历史变迁

高等教育评估也称为高等教育评价,依据评估对象和范围可以分为全国高等教育整体办学水平的评估和某一区域或院校的办学水平评估;不同学段和学级办学水平的评估,如本科教育评估、研究生教育评估等;也可以包括不同专业或学科的教育评估等。从评估对象和范围来讲,专业评估是高等教育评估的子项目或亚类。

在我国,高等教育评估或普通高等教育评估特指本科教育教学评估,其发端于20世纪80年代一些高校自发开展的校内专业评估,伴随着浙江大学、同济大学等高校内部专业评估实践的成效凸显,越来越多的高校开展了本科教学内部评估,它们的实践活动引起了教育部的重视,由此拉开了我国普通高等教育本科水平评估的序幕。此后,我国本科教育教学水平评估经历了合格评估、水平评估和审核评估等几个阶段。

与此同时,我国工程教育和工程专业认证一直延续着内部专业评估与国际化接轨的专业评估传统,为我国高等教育领域的专业评估提供了范本。我国师范教育或教师教育在教育强国建设中发挥着独特的功能和价值,为了有效解决我国基础教育领域整体教师数量不足和高素质教师队伍建设乏力的问题,2014年开始,我国师范教育领域开展了师范专业认证的实践和尝试,旨在提升教师教育的整体办学水平。从我国专业评估的发展历史可以看出,工程专业认证和师范专业认证是我国目前开展范围最广、影响最大、成效最为显著的两类专业评估实践形式。

因此,本章将从我国本科教学评估、工程专业认证和师范专业认证三个角度梳理我国专业评估的发展脉络,为本书后面章节的内容安排奠定历史和理论基础。

(一) 我国普通本科教学评估的缘起与发展

我国现代意义上的高等教育评估是在20世纪80年代以后逐步发展起来的,其中普通本科教学评估制度相对较系统和完善。我国普通本科教学评估制度改革遵循着

渐进式变迁的模式,大致经历了试点探索、规范化和制度化三个阶段[1]。

从 1978 年恢复高考至 1990 年原国家教委颁布《普通高等学校教育评估暂行规定》,是我国普通高校教学评估改革的试点和探索阶段。十一届三中全会以后,我国高等教育领域的重点工作是逐步恢复教学秩序。为了适应教学秩序恢复的需要,浙江大学和同济大学等一些高校开始了教学评估的尝试,希望建立内部质量保障体系,开展教学过程的评估监测,这些探索和尝试拉开了我国高校教学评估的序幕。

这些努力和尝试引起了中央政府的高度重视,1985 年颁布的《中共中央关于教育体制改革的决定》中明确提出:"教育管理部门要组织教育界、知识界和用人单位对高等学校办学水平进行评估,对办学成绩卓著的学校给予荣誉和物质上的重点支持,办得不好的学校予以整顿和停办。"其后,国家教委先后颁布了一大批政策和文件,要求提高本科教育质量,加强对本科教学工作的评估。1985—1989 年期间,我国开始了更为广泛的以本科教育质量提高为中心的学校评估、专业评估和课程评估等试点工作,形成了基本评估模式。因此,在探索阶段,高校教学评估制度是自下而上逐步展开的,但评估工作尚缺乏规范的制度和体系。

从 1990 年 10 月原国家教委颁布《普通高等学校教育评估暂行规定》到 2002 年教育部颁布《普通高等学校本科教学工作水平评估方案(试行)》,为我国普通本科教学评估改革的规范化阶段。这一阶段,许多高校继续开展对学校、学系、专业评估工作的积极探索,在高校评估理论与实践的大力推动下,我国高等教育评估的法规体系也在不断完善。1990 年原国家教委颁布的《普通高等学校教育评估暂行规定》是我国第一个关于高等教育评估的政策性规定,也是我国高校评估实践走向规范化的开始,在这一阶段国家相继出台了 15 项政策以规范高等学校的教学评估工作,我国普通本科教学评估工作逐渐从高校评估中分离出来,有了专门的评估领域,明确的评估任务和内容,本科教学评估制度初步建立,开启了规范化的发展模式,一种自上而下的国家教育评估工作正式开启,其间先后开展过合格评估、优秀评估、随机评估、水平评估、审核评估等几种不同形态的评估[2]。

2002 年教育部公布了《普通高等学校本科教学工作水平评估方案(试行)》,方案将本

---

① 师玉生,林荣日. 我国普通本科教学评估制度改革中的政策工具研究[J]. 高教探索,2015 (12):79—83.

② 刘振天. 从水平评估到审核评估:我国高校教学评估理论认知及实践探索[J]. 中国大学教学, 2018(08):4—11,25.

科教学工作合格评估、优秀评估和随机水平评估三个方案合并为一个方案,并作为评估普通本科教学工作水平的标准。同年 11 月教育部发布的《关于对全国 592 所普通高等学校进行本科教学工作水平评估的通知》,拉开了我国五年一轮的本科教学水平评估工作的序幕,这项工作到 2008 年基本完成。为了规范本科教学水平评估工作,据笔者统计,从 2002 年起,教育部先后发布了普通本科教学评估方面的政策文件 22 项,占 1978 年以来此类政策文件的 52.4%。自 2003 年开始至 2008 年结束,6 年间共评估 589 所高校。

2008 年以后,教育部采取多种形式对第一轮本科教学评估工作进行了总结和反思,在总结反思和借鉴国外先进的评估理念和方法基础上,于 2011 年提出要建立"五位一体"的本科教育教学评估制度,即以学校自我评估为基础,以院校评估、专业认证及评估、国际评估和教育教学基本状态数据常态监控为主要内容的新模式。根据所评对象的不同,院校评估又可分为合格评估和审核评估。

2013 年教育部发布了《教育部关于开展普通高等学校本科教学工作审核评估的通知》(教高〔2013〕10 号),明确提出审核评估将作为今后我国高校本科教学评估的基本形式和制度,开启了我国普通高校本科教学评估的新时代。审核评估方案包括 6 个必审项目和 1 个学校自选特色项目,主要包括学校的定位与目标、师资队伍、教学资源、培养过程、学生发展、质量保障以及学校自选特色等方面,涵盖学校的办学定位及人才培养目标,教师及其教学水平和教学投入,教学经费、教学设施及专业和课程资源建设情况,教学改革及各教学环节的落实情况,招生就业情况、学生学习效果及学风建设情况,质量保障体系的建设及运行情况等。

审核评估坚持主体性、目标性、多样性、发展性和实证性五项基本原则,实行目标导向,问题引导,事实判断的评估方法。本次普通高等学校本科教学工作审核评估时间为 2014 年至 2018 年。凡参加普通高等学校本科教学工作水平评估获得"合格"及以上结论的高校均应参加审核评估,要求参加普通高等学校本科教学工作合格评估获得"通过"结论的新建本科院校,5 年后须参加审核评估。2013 年到 2018 年年底,全国有 630 余所高校参加了审核评估,包括接受过首轮水平评估的所有高校。

审核评估与水平评估,既一脉相承,又有创新与发展,审核评估在评估理念、标准、内容、方式、技术及组织等方面相应做了一系列调整和变化①。在首轮审核评估工作

---

① 刘振天. 从水平评估到审核评估:我国高校教学评估理论认知及实践探索[J]. 中国大学教学, 2018(08):4—11,25.

总结的基础上,为贯彻落实《深化新时代教育评价改革总体方案》和《关于深化新时代教育督导体制机制改革的意见》,推进高校分类评价,改进本科教育教学评估,推动提高本科人才培养质量,教育部制定了《普通高等学校本科教育教学审核评估实施方案(2021—2025年)》(教督〔2021〕1号),方案规定,本轮审核评估的基本理念为"以习近平新时代中国特色社会主义思想为指导,全面贯彻落实党的教育方针,坚持教育为人民服务、为中国共产党治国理政服务、为巩固和发展中国特色社会主义制度服务、为改革开放和社会主义现代化建设服务。全面落实立德树人根本任务,坚决破除五唯顽瘴痼疾,扭转不科学教育评价导向,确保人才培养中心地位和本科教育教学核心地位"。

在深刻反思并汲取前一轮审核评估宝贵经验的基础上,我国高等教育领域依据其独特的分类体系,创新性地确立了分类评估模式。这一模式旨在通过评估促进高校建设、推动改革、强化管理、增强实力,从而激发高校内部动力,积极构建一种基于自觉、自省、自律、自查、自纠的质量文化。该文化的形成,将有力地支撑具有中国特色且达到世界先进水平的本科教育教学质量保障体系。同时,为确保评估的全面性与有效性,特规定所有经国家正式批准独立设置的普通本科高校均要参与审核评估过程。值得注意的是,对于新建普通本科高校,它们需首先通过普通高等学校本科教学工作的合格评估,并在原则上获得"通过"结论满五年后(本轮审核评估时间为2021—2025年),方有资格参与本轮的审核评估。

本轮审核评估工作,紧密围绕高等教育整体布局结构、各高校的办学定位、服务面向及实际发展情况,基本上可以划分为两大类别。高校在参与评估时,可依据自身大学章程和发展规划,全面考量办学特色、人才培养目标及质量保障体系的建设现状,进行灵活自主的类别选择。

第一类审核评估聚焦于那些立志于跻身世界一流行列的普通本科高校,它们需拥有资深的师资队伍、有保障的教育资源投入,并致力于培养一流拔尖创新人才,以积极响应并服务于国家的重大战略需求。此类别评估的核心在于深入考察这些高校在建设世界一流大学过程中所需的关键质量保障能力及其在本科教育教学综合改革方面的具体举措与显著成效。

第二类审核评估则根据高校的不同办学定位和历史背景,进一步细化为三种类型:首先,针对那些已参与过上轮审核评估,且主要聚焦于学术型人才培养的高校。其次,针对同样拥有上轮审核评估经验,但侧重于应用型人才培养的高校。最后,特别针对那些已通过合格评估超过五年,首次步入审核评估流程且本科办学历史相对较短的地方应用型普通本科高校。此类评估的重点在于全面审视高校在本科人才培养目标定位、资源条件配置、培养过程实施、学生发展成果以及教学整体成效等方面的表现。

审核评估程序比较固定,基本是:评估申请、学校自评、专家评审、反馈结论、限期整改、督导复查。两类评估的具体评估指标体系和观测点均有较大的区别和侧重点,旨在通过新一轮审核评估引导我国普通高等学校分类发展,形成特色。

(二)我国学科专业评估的缘起与发展

1. 我国工程教育评估与工程专业认证

纵观我国本科教育教学评估的发展历程,早期研究认为我国本科教学评估起源于学科专业评估,特别是高等工程教育领域的学校、专业、课程三个层次评估试点工作①。高等工程教育在扩大高等学校办学自主权的新形势下,1985 年 11 月原国家教委发布了《关于开展高等工程教育评估研究和试点工作的通知》,此后有 35 所高等工科院校参与高校办学水平评估、专业评估和课程评估试点。

具体部署是委托"机械工业部"进行"机械制造工艺与设备"专业办学水平的综合评估试点;委托城乡建设环境保护部和电子工业部分别进行"供热通风与空调工程"和"计算机应用"两个专业本科生培养质量评估的试点;委托煤炭工业部在其所属的高等工业学校、委托上海市选择少数高等工业学校分别对整个高等工业学校办学水平进行综合评估的试点;委托黑龙江省高教局、陕西省高教局、北京市高教局在工科物理、数学、力学课程教学指导委员会配合下,分别进行普通物理、高等数学、理论力学、材料力学等课程教学质量评估的试点。

为了推动评估试点工作,1986 年 3 月 12 日国务院发布《高等教育管理职责暂行规定》,进一步明确了国家教育委员会、国务院有关部委和省区、市在组织高等学校评估方面的职责。经过近 5 年的高等教育评估试点,国家教委于 1989 年 12 月在河南省郑州市解放军高炮学院召开了高等教育评估工作会议。参加会议的有 11 个部委和 18 个省市,26 所高等学校和 12 个课程教学指导委员会的代表。会议除了对前 5 年高等

---

① 肖兴安,陈敏. 我国本科教学评估政策的历史演变[J]. 国家教育行政学院学报,2009(02):
71—77.

教育评估的研究和试点工作进行总结外,还对 1990 年以后 5 年的评估工作提出了规定。这些学校"边试点,边研究,在开展试点工作的基础上,于 1989 年提出一个在我国建立高等教育评估制度的试行方案",高等工程教育评估试点的目的是在全国各类高校开展评估。从 1990 年起,我国开始了在全国各类高校进行评估试点和正式评估的工作。

工程教育专业评估和课程评估是我国高等教育领域办学水平评估的先头兵,对我国高等教育评估工作的推进发挥了重要作用。同时,工程教育在助力我国经济转型发展、推动产业迭代升级以及赋能技术创新的过程中发挥着不可取代的作用,承载着为中华民族伟大复兴培养大批具备复杂工程问题解决能力的卓越工程师的历史使命。进入 21 世纪,我国工程教育规模呈现急剧扩张的态势,就体量而言,工程教育占据高等教育规模的三分之一左右,我国已成为名副其实的世界工程教育大国,已经形成规模充足、层次完备、结构合理、学科齐全的工程教育体系,能够基本满足工业经济快速发展对工程人才数量的需求。

与此同时,工程教育规模扩张衍生的系列质量危机也日趋显现,一方面,结构性矛盾突出,传统工科专业与战略性新兴工科专业规模差异悬殊,高精尖工科创新型人才与高水平技能应用型人才供需明显失衡;另一方面,专业人才培养与产业实际需求脱钩严重,学生工程实践能力较弱,缺少与行业产业发展前沿的深度嵌接;教师评价侧重学术 GDP 考核,重科研轻教学的现象屡有发生,部分工科院校定位模糊,盲目扩招而忽视了自身办学特色与学科优势[①]。对标国际工程教育的发展趋势,我国工程教育质量保障体系的建设水平与行业产业的实际发展需求不匹配的问题是根本的原因。

随着我国正式加入世界贸易组织,2004 年,教育部高等教育教学评估中心正式成立(2022 年更名为教育部教育质量评估中心),旨在对高等教育教学改革以及评估相关政策法规进行理论研究,并制定指标体系对高等院校本科教学水平开展专业评估。同年,中国工程院教育委员会向国务院提交了《关于大力推进我国注册工程师制度与国际接轨的报告》,建议改革注册工程师制度、筹备加入《华盛顿协议》。在以政府为核心的多主体推动下,我国工程教育专业评估在组织建设以及评估实践上均取得显著

---

① 胡德鑫,纪璇.中国工程教育专业认证制度四十年回眸:演变、特征与革新路径[J].国家教育行政学院学报,2022(12):72—78,95.

成就。

为进一步提高我国工程教育质量,2005年,国务院批准成立全国工程师制度改革协调小组,该小组由中国工程院、中国科学技术协会以及教育部牵头,分别承担我国工程师制度框架的改革完善、工程教育专业认证制度的国际交流与国际互认、工程教育专业认证的制度设计和组织实施等工作,并于次年初步制定出较为完善的工程教育专业认证制度体系,随后在清华大学、浙江大学、天津大学等7所院校的8个专业展开认证。2007年1月,教育部颁发《关于实施高等学校本科教学质量与教学改革工程的意见》,提出要"积极探索专业评估制度改革,重点推进工程技术、医学等领域的专业认证试点工作,逐步建立适应职业制度需要的专业认证体系",并成立我国首个以工程教育专业认证为核心职能的全国性专业机构——全国工程教育专业认证专家委员会。该委员会协同来自高校、政府、行业协会的认证专家,在参考国际通行认证标准设计思路的基础上,建构涵盖认证标准与程序、认证专家的遴选与管理、认证小组工作在内的工程教育认证体系及工作指南。

在众多学者不断进行学理探究和工程见长类高校大量的实践摸索中,我国已经初步建立起具有中国工程教育特色的专业认证和评估体系,并不断完善。2013年6月,我国工程教育苦练内功,终于加入《华盛顿协议》签约组织,取得了国际认可的突破性进展,打破了国际学术界关于中国工程教育专业认证照搬欧美、步人后尘的刻板印象。2015年开始,随着中国工程教育专业认证协会(China Engineering Education Accreditation Association,CEEAA)正式成立,国内工程教育专业认证迈入新征程,日趋完善的认证标准、独立的认证机构以及教育主管部门、认证专家的大力支持等,都极大地推动了认证体系自身的日臻成熟。

为了保持发展势头,持续通过工程教育专业认证体系推动卓越工程科技人才的培养,我国开启了新一轮的"新工科建设计划"。为确保工程专业标准具有国际先进性和可比性,在充分参考国外工程教育认证的基础上,2020年中,CEEAA创造性地制定了《新版专业类补充标准》,补充了专业在7个通用标准项中的特殊要求,其中完整地涵盖近20个专业领域内的21个工程专业大类。总的来说,我国的工程教育专业认证体系经历了从无到有,从借鉴拼凑到独立创新,从学习欧美到中国特色,在高校的努力下,已经具备了相对成熟且完整的理论体系和实践基础。当前改革的焦点在于如何进一步深化认证制度,使其不仅在形式上与国际接轨,更在实质上达到等效水平,进而以学术成果推动人才强国建设,有效支撑工程教育强国战略以及卓越工程师培养目标的实现,这是改革攻坚的新方向和新动力。

2. 教师教育改革与师范专业认证

新中国成立以来,我国教师培养一直采用中小学教师主要由中等和高等师范院校定向培养的模式。据统计,1990 年全国有师范院校 1 283 所,师范院校规模数量达到巅峰。一直到 20 世纪 90 年代,虽然这种师资培养模式为我国教师教育发展作出了巨大的贡献,但是,单一的教师培养模式也形成较大的局限,一方面不能满足社会对教师素养的要求,存在培养结构重心偏低、培养课程比例失衡等问题;另一方面,单一的师范性也使得师范类院校自身发展受到束缚,师范专业学生缺乏应有的竞争意识和创新能力。随着时代的发展,这种教师培养机制越来越不能适应社会对高质量教师提出的要求。

随着高等教育改革的深化,20 世纪 90 年代中期,师范院校开始推进培养模式的改革与创新。1998 年,华东师范大学率先在教师职前培养上实施"3+1"本科教师教育模式和"4+1"教育硕士培养模式。北京师范大学从 2003 年开始的所有招生专业已不再有师范类与非师范类的区别,所有专业的学生可以通过选修教育的模块课程,参加教育双学位辅修项目,多种途径接受教师教育。2000 年教育部在前期试点的基础上颁布了《〈教师资格条例〉实施办法》,根据实施办法,所有致力于从事教师职业的人士,只要通过教师资格证的相关考试,获得教师资格证,就有机会入职教师行业,即便没有接受过系统的师范专业学习。教师资格制度的实行打破了师范类专业对教师培养的垄断,特别是 2001 年国务院《关于基础教育改革与发展的决定》颁布以后,一些综合性大学纷纷增开相关专业与课程,教师教育体系逐渐走向开放。这种开放的教师教育培养制度有利于短期内解决我国基础教育师资短缺的问题,特别是中西部地区中小学教师数量不足的问题得到了较大的改善。

与此同时,我国基础教育领域教师能力不足,教师教育办学水平参差不齐的问题不断凸显出来。综合性大学办师范教育对传统的师范院校带来了冲击,部分师范大学开始尝试向综合性大学转型,例如一些老牌的师范专科学校、没有转型的师范大学也开始大力开办非师范专业。在盲目扩张其他专业的过程中,师范专业和师范生的数量在学校内部处于弱势地位,师范院校师范特色日益模糊,许多师范大学中师范生招生数比例仅占 20%—30%,甚至不足 20%,师范类专业一定程度上被边缘化。2013 年 8 月,教育部颁布《中小学教师资格考试暂行办法》,强调师范类专业学生也需要通过教师资格考试才能获得教师资格,师范类专业毕业生不再享有免于考试获得教师资格证的特权,新修订的教师资格证书制度对于师范专业的发展无异于"雪上加霜"。虽然师范专业陷入前所未有的生存危机,但是师范院校仍然是我国教师教育的主体①。

为切实保障师范类专业人才培养数量与质量,国家一方面促进师范院校整合资源,凸显教师教育的优势,另一方面,鼓励更多的高水平综合性大学开办师范类专业。党的十八大以来,以习近平同志为核心的党中央更加强调教育、科技、人才的重要性,通过一系列政策保障教师教育的地位和作用,在坚持构建开放灵活的教师教育体系的基础上,着重强调发挥师范院校在教师教育中的主体作用。2011 年至 2014 年,国家相继出台了《教师教育课程标准(试行)》《中学教师专业标准(试行)》《小学教师专业标准》《幼儿园教师专业标准》以及《师范类专业认证标准(试行)》等政策文件,为我国高校师范类专业的内涵式发展奠定了基础,也不断健全了师范教育外部质量保障体系。

为了规范和提高师范教育的整体办学水平,教育部从 2014 年开始在江苏、河南和广西等地组织开展了师范类专业认证试点工作,积极探索师范专业认证的过程及有效模式。2016 年试点工作如期完成,并取得了初步的进展,为我国接下来的师范类专业认证工作提供了范本。2017 年,教育部印发了《普通高等学校师范类专业认证实施办法》,对专业认证的理念、原则及各项标准和指标做了明确规定,自此,我国高校师范类专业认证将在全国范围内展开实施。为提高认证的效率与效益,随着 2018 年《普通高等学校师范类专业认证的指南》的试行,师范类专业认证开始在全国范围内广泛推行,聚焦教师培养主业,加强教师教育体系建设,启动师范专业认证工作,以促进教师培养质量的不断提升。

面对灵活开放的教师教育体系,师范类专业的认证显得尤为重要。师范类专业认证是专门性教育评估认证机构依照认证标准对师范类专业人才培养质量状况实施的一种外部评价,旨在证明当前和可预见的一段时间内,专业能否达到既定的人才培养质量标准。

---

① 刘莉莉,陆超.高校师范类专业认证的历史必然与制度优化[J].教师教育研究,2019,31(05):40—45.

二、我国普通高校本科专业评估的阶段特征

纵观 30 年的探索与改革,我国高等教育评估制度改革先后经历了水平评估、审核评估与专业认证三个阶段。这三种评估制度和模式并非严格的前后衔接阶段,水平评估和审核评估是前后衔接的两个阶段,而专业认证与水平评估和审核评估是并行发展的,更加符合专业评估的特点,这在工程认证和师范专业认证中体现得更加明显。在我国高等教育综合改革与国际化进程中,三种评估模式具有一定的延续性和包容性。

(一) 水平评估阶段的本科专业评估

自 20 世纪 80 年代起,我国高等教育评估体系在改革开放的背景下应运而生。彼时,欧美国家成熟的高等教育质量保证体系如同灯塔,迅速吸引了国内高校的广泛关注与效仿。部分先驱高校率先试水,建立了校内专业评估制度,这一创举不仅促进了内部质量保障体系的规范化构建,还有效地规范了办学行为,显著提升了教学质量。

进入 90 年代,我国高等教育迎来了改革与发展的黄金时期。1993 年,《中国教育改革和发展纲要》(中发〔1993〕3 号)的颁布,犹如春风化雨,为我国教育领域的综合改革指明了方向,设定了总目标与任务蓝图。纲要深刻阐述了高等教育应走内涵式发展道路的重要性,强调提升办学效益的同时,鼓励各类高校依据自身特点设定差异化发展目标,追求办学特色化。尤为关键的是,纲要明确提出要制定高等学校分类标准及配套政策措施,并将本科教育的重心坚定不移地置于质量提升之上。此外,还规划了分期分批重点建设百所左右高校及一批重点学科的战略布局,旨在推动部分高校在 21 世纪初达到或接近世界一流大学的学术水准。

在《纲要》的引领与激励下,高校内部探索建立专业评估与质量保障制度的热情空前高涨,而中央层面,教育部亦积极响应,主动作为,大力推进专业评估工作发展。这种自下而上的实践探索与自上而下的政策规范相辅相成,共同推动我国高等教育评估

制度日益完善,逐步构建起一套由国家主导、覆盖广泛的普通高等教育评估体系。这一评估体系在推动我国高等教育质量保证体系建设中扮演了举足轻重的角色,为高等教育的持续健康发展奠定了坚实的基础。

从 1994 年至 2001 年短短几年内,教育部相继组织开展了针对新建本科院校的"合格评估"、针对重点建设大学的"优秀评估"和针对其他高校的"随机评估",参与评估的院校共计达到 254 所[①]。2002 年颁布实施的《普通高等学校本科教学工作水平评估方案》中,将"合格评估""优秀评估"和随机评估"合并,正式形成了"五年一轮"的普通高等学校教学工作水平评估。2003 年至 2008 年实施完成了第一轮本科教学水平评估。2004 年 8 月,教育部高等教育教学评估中心正式成立,作为第三方评估机构,高等教育教学评估中心在教育部指导下,参与了普通高等学校本科教学工作水平评估工作。同年,《普通高等学校本科教学工作水平评估方案》进行了再次修订,根据评估方案,评估结论为"优秀""良好""合格"及"不合格"四种。截至 2008 年,参加首轮评估的 594 所院校接受了本科教学水平评估,且全部合格。普通高校本科教学工作水平评估对改善我国高校办学条件,建立和维护正常的教学秩序,规范高校本科教学活动起到了积极的作用。参见表 3.1。

表 3.1　三种水平评估基本情况表

评估类型	时间	评估对象	参评院校数量	评估目的	评估内容和指标	评估结果及使用
合格评估	1993	本科教育历史较短、基础比较薄弱的学校	190 所	使学校能够达到国家基本的办学水平和质量标准,帮助学校进一步明确办学指导思想、加强教学基本建设、提高教学管理水平	办学思路与领导作用、教师队伍、教学条件与利用、专业与课程建设、质量管理、学风建设与学生指导以及教学质量 7 个一级指标、20 个二级指标	结果为通过、暂缓通过和不通过。结果为通过的进入下一轮普通高等学校的审核评估。暂缓通过和不通过的学校整改期为 2 年和 3 年

---

① 肖兴安,陈敏. 我国本科教学评估政策的历史演变[J]. 国家教育行政学院学报,2009(02):71—77.

评估类型	时间	评估对象	参评院校数量	评估目的	评估内容和指标	评估结果及使用
优秀评估	1995	100所左右本科教育历史较长、基础较好、工作水平较高的学校	16所	促进学校深化改革和办出特色	优秀评估包含师资队伍、教务管理、专业建设、课程建设及实践教学、教学指导思想与思路、教学条件、教学改革、学风与环境、教学效果、社会评价等11个一级指标	
随机评估	1997	以上两类学校之间的学校,大约有700—800所	220多所	促进学校不断改进工作,提高教学质量和办学水平	随机性评估包含办学指导思想、师资队伍、教学建设与改革、教学条件与利用、教学管理、学风、教学效果7个一级指标,外加1个特色项目	
教学工作水平评估（三类合并）	2002—2008	所有本科高校	589所	加强国家对高等学校教学工作的宏观管理与指导,促使各级教育主管部门重视和支持高等学校的教学工作,促进学校自觉地贯彻执行国家的教育方针,进一步明确办学指导思想、改善办学条件、加强教学基本建设、强化教学管理、深化教学改革、全面提高教学质量和办学效益	办学指导思想、师资队伍、教学条件与利用、专业建设与教学改革、教学管理、学风、教学效果7个一级指标和1个特色项目、19个二级指标、38个观测点	评估结论分为优秀、良好、合格、不合格四种

参考政策文件:1.关于印发《关于深化教学改革,培养适应21世纪需要的高质量人才的意见》等文件的通知(教高厅〔1998〕2号);2.教育部办公厅关于印发《普通高等学校本科教学工作水平评估方案(试行)》的通知(教高厅〔2004〕21号);3.《教育部办公厅关于开展普通高等学校本科教学工作合格评估的通知》(教高厅〔2011〕2号)

普通高等学校本科教学工作水平评估具有以下显著特征：

1. 政府主导的自上而下评估

纵观普通高校本科教学水平评估的发展历程，虽然发端于高校自下而上的内部质量保证体系建设的探索与实践，但是伴随着中国教育改革与发展的新环境、新需要，特别是受到世界高等教育大众化与国家化的影响，1993 年《中国教育改革和发展纲要》中提出了面向世界一流大学和一流学科建设的高等教育改革与发展目标，为了规范和引导高校办学行为，帮助学校进一步明确办学指导思想、加强教学基本建设、提高教学管理水平，引导和规范高校达到基本办学条件，教育部决定通过行政力量开展自上而下的本科教学合格评估，其评价结果为"不通过"或"暂缓通过"的高校将减少招生或暂停招生。评估专家由教育部组织选聘，具有绝对的权威性。而且，为了规范高校和专家的评估行为，制定了规范院校和评估专家行为的相关制度，以提升评估工作的专业性和严肃性。

依靠强大的行政权威，所有纳入评估范围的高校全部接受了教育部本科教学水平评估工作，评估范围之广、数量之多、影响之大是全世界鲜有的，这对规范我国普通本科院校的教育教学活动，提升院校教学质量产生了积极、深远的影响。

2. 基于办学条件的达标评估

我国普通高校本科教学水平评估运动与高校并轨、扩招和升格并行发展。1999 年我国开始实施普通高校扩招政策，许多高校大幅扩大招生规模，但是办学条件在短期内并没有跟上高校办学规模扩展的需要，短期内扩招与办学条件之间的矛盾非常突出。基于这些现实的困境和问题，普通高校本科教学水平评估制定了详细的评估方案，从合格评估时期确定的办学思路与领导作用、教师队伍、教学条件与利用、专业与课程建设、质量管理、学风建设与学生指导和教学质量 7 个一级指标、20 个二级指标，到水平评估时期的办学指导思想、师资队伍、教学条件与利用、专业建设与教学改革、教学管理、学风、教学效果 7 个一级指标和 1 个特色项目、19 个二级指标、38 个观测点。基于上述评估指标体系和观测点，评估专家根据评估方案中规定的评估标准，基于高校教学基本状态数据库，计算出各个高校的量化的评估结论。无论是评估指标与观测点，还是评估标准和评估结论，都反映出了各个高校在每一个指标和观测点上达到基本办学条件标准的程度。

在一定程度上，普通高校本科教学水平评估是一种达标评估，是普通本科教学的底线。根据 2004 年修订的《普通高等学校本科教学工作水平评估方案（试行）》的规定,普通高等学校本科教学工作水平评估以《中华人民共和国高等教育法》为依据,贯彻"以评促改,以评促建,以评促管,评建结合,重在建设"的原则。通过水平评估进一步加强国家对高等学校教学工作的宏观管理与指导,促使各级教育主管部门重视和支持高等学校的教学工作,促进学校自觉地按照教育规律不断明确办学指导思想、改善办学条件、加强教学基本建设、强化教学管理、深化教学改革、全面提高教学质量和办学效益。从2003年开始到2008年结束的本科教学水平评估包括了全部普通本科高校(589所院校),经专家委员会审议和无记名投票,589所高校中,有424所被评为优秀,占总数的72%,有144所高校获得良好,占总数的24%,有21所高校被评为合格,占总数的4%[①]。

由此可以看出,通过评估,可以让高校看到办学条件的差距和不足,并在整改期内全部达到基本办学条件。

3. 以评促建的外部质量保证体系建设

第一轮普通高校本科教学水平评估指标体系是一种国家标准,依靠的是国家行政机构的行政权威。早期的评估专家组由教育部根据评估工作的需要临时组建而成。虽然评估专家大多能够履行评估工作职责,但是整体上评估工作的专业性和权威性很难被评估院校认可,加之评估工作复杂、烦琐,兼职人员很难有充足的时间和精力完成各项评估任务。鉴于此,2004年经中央编办批复同意,教育部党组决定设立教育部高等教育教学评估中心,后来改为教育部教育质量评估中心。评估中心成立以来,专门承担院校评估、专业认证、国际评估和教学基本状态数据常态监测等任务,定期发布高等教育教学质量报告和监测报告等,对全面提高我国高等教育质量,提升国际影响力,发挥了重要作用。通过专业化的评估工作,我国高等教育外部质量保障体系不断完善。特别是在普通本科教学水平评估阶段,外部教学质量保障体系在规范和引导高校达到基本办学标准和要求方面发挥了重要作用。

但是,2008年高校扩招政策放缓以后,我国高等教育从规模扩张发展到了内涵建设的新阶段,以达标为导向的水平评估已经很难适应高等教育发展的需要,整齐划一和标准化的评估指标和方法反而成为我国高等教育内涵建设的桎梏。内涵建设意味着高校的办学传统、特色项目、区位优势等个性化发展。在系统总结本科教学水平评

[①] 刘振天.我国新一轮高校本科教学评估总体设计与制度创新[J]. 高等教育研究,2012,33 (03):23—28.

估经验的基础上,教育部开展了新一轮普通高校本科教学评估——审核评估。

(二) 审核评估阶段的本科专业评估

首轮高校教学评估在我国高等教育发展历史上产生了积极而深刻的影响。可以说,没有评估,高校教学质量就不可能得到有效保证。但是也暴露出了明显的问题,特别是评估如何适应我国高等教育从规模扩张到内涵式发展的战略需要,"一把尺子量所有高校"带来的重复办学和功能重叠势必会阻碍高校发展。

在继承和反思第一轮高等教育教学水平评估制度发展经验以及在试点总结的基础上,2011年,教育部正式发布了《关于普通高等学校本科教学评估工作的意见》(教高〔2011〕9号),对新一轮高校教学评估作出了全面规定,意见重点强调了新一轮评估的几个显著的特点:第一,重视评估的整体性和系统性;第二,突出学校评估主体地位;第三,强化常态性教学质量监测;第四,明确分类评估分类指导;第五,建立管办评分离的评估新机制。意见中系统地提出了"建立健全以学校自我评估为基础,以院校评估、专业认证及评估、国际评估和教学基本状态数据常态监测为主要内容"的教学评估制度(简称"五位一体"评估制度),其中院校评估包括合格评估和审核评估两种类型,合格评估的对象是自2000年以来未参加过院校评估的新建本科学校,审核评估的对象是参加过院校评估并获得通过的普通本科高校[1]。

2013年1月教育部高等教育教学评估中心发布了《关于开展普通高等学校本科教学审核评估试点工作的通知》(教高评函〔2013〕8号)。2013年4—5月,教育部评估中心对南京大学、同济大学、五邑大学、皖西学院等7所高校开展了审核评估试点工作。其后,我国新一轮评估工作全面展开,截至2018年7月,全国共有560所高校参加了审核评估,其中,由教育部高等教育教学评估中心组织实施的有143所(含地方委托高校),由各省级教育行政部门或第三方评估机构组织实施的有417所[2]。这一轮普通本科教学审核评估(第一轮审核评估)工作突出的特点是"用自己的尺子量自己",将院校自我评估与第三方评估相结合,充分尊重院校的办学特色和个性。

---

[1] 中华人民共和国教育部. 关于普通高等学校本科教学评估工作的意见[EB/OL]. (2011-10-31)[2025-06-07]. http://www. moe. gov. cn/srcsite/A08/s7056/201802/t20180208_327120. html.

[2] 吴岩. 高等教育公共治理与"五位一体"评估制度创新[J]. 中国高教研究,2014(12):14—18.

评估中心对 2018 年第一轮审核评估作了总体肯定,但也指出了明显的问题,突出地表现在:一是坚持"用自己的尺子量自己"方面存在国家尺子过粗、高校自设尺子不清晰等问题[①],二是没有充分体现分类评估的特点。基于此,教育部在教育强国战略、新时代教育评价改革背景下启动实施了新一轮审核评估。面对普及化阶段高等教育日益多元化的需求挑战,新一轮审核评估采取了更加灵活细腻的柔性分类策略,旨在精准适配不同高校的发展特点。此轮评估不仅细化了评估标尺,依据类型进行了深入划分,还创新性地提供了两类四种的"自主评估套餐",并在每种套餐内部设置了可自由搭配的"评估指标自选餐"。

这一设计鼓励参评高校紧密结合国家发展需求、自身办学使命与长远目标,灵活选择评估模块并进行个性化组合,从而实现"一校一案"的精准定制。通过优化后的机制,各高校能够充分发挥主观能动性,结合自身定位、特色与区位优势,量身打造最适合自身发展的评估方案。此举不仅有助于激发高校的内在活力与创造力,还将促进高等教育领域形成一种各安其位、结构均衡、特色鲜明的崭新发展格局[②]。

经过两年多的研究和多方征求意见,教育部于 2021 年印发了《普通高等学校本科教育教学审核评估实施方案(2021—2025 年)》的通知,开始实施新一轮本科教育教学审核评估,新一轮审核评估将原来的"本科教学评估"范围扩大到"本科教育教学",将评估内容扩展到了本科教育教学全过程、全流程和全方位评估。本轮审核评估的指导思想是"推进评估分类,以评促建、以评促改、以评促管、以评促强,推动高校积极构建自觉、自省、自律、自查、自纠的大学质量文化,建立健全中国特色、世界水平的本科教育教学质量保障体系,引导高校内涵发展、特色发展、创新发展,培养德智体美劳全面发展的社会主义建设者和接班人"[③]。评估对象的要求为经国家正式批准独立设置的普通本科高校均应参加审核评估,其中新建普通本科高校应先参加普通高等学校本科教学工作合格评估,原则上获得"通过"结论 5 年后方可参加本轮审核评估。审核评估

① 李志义,宫文飞.新一轮审核评估高校选择第二类第一种的困惑——人才培养转型的三个基本问题:为何转、向何转和如何转[J].高教发展与评估,2024,40(04):1—7,119.
② 李志义,宫文飞.新一轮审核评估高校选择第二类第一种的困惑——人才培养转型的三个基本问题:为何转、向何转和如何转[J].高教发展与评估,2024,40(04):1—7,119.
③ 中华人民共和国教育部.教育部关于印发《普通高等学校本科教育教学审核评估实施方案(2021—2025 年)》的通知[EB/OL].(2021 - 02 - 03)[2025 - 06 - 07].http://www.moe.gov.cn/srcsite/A11/s7057/202102/t20210205_512709.html.

每 5 年为一个周期,本轮审核评估时间为 2021—2025 年。

综合两轮审核评估的方案及其评估实践,重点聚焦新一轮审核评估方案文本,分析审核评估的突出特点如下:

1. 体现分类评估的特点

《普通高等学校本科教育教学审核评估实施方案(2021—2025 年)》明确指出,本轮审核评估紧密贴合高等教育整体布局结构及各高校差异化的办学定位、服务面向与发展现状,创新性地划分为两大类评估体系,赋予了高校比较充分的自主权,允许其依据自身大学章程与发展规划,综合考量办学特色、人才培养愿景及质量保障体系构建现状,灵活选择适宜的评估类别。

第一类审核评估聚焦于那些拥有世界一流办学愿景、汇聚顶尖师资队伍、打造卓越育人平台,并致力于培养一流拔尖创新人才、深度服务国家重大战略需求的本科高校。此类评估的核心在于深入剖析这些高校在建设世界一流大学道路上所展现出的质量保障能力,以及其在本科教育教学综合改革中的创新举措与显著成效。

第二类审核评估则更加细致地划分了三种不同类型,以精准对接不同办学定位与历史背景的高校需求。第一种类型针对已参与过上轮审核评估,且持续深耕学术型人才培养领域的普通本科高校;第二种类型则聚焦于同样拥有上轮评估经验,但侧重于应用型人才培养方向的高校;第三种类型则特别关照了那些已通过合格评估五年以上,首次进入审核评估序列且本科办学历史尚浅的地方应用型普通本科高校。对于第二类评估,其重点将全面覆盖高校在本科人才培养目标定位的准确性、资源条件的充足性、培养过程的科学性、学生发展的全面性,以及教学成效的显著性等多个维度,以全方位、多角度地审视并促进高校教育教学质量的持续提升。

由此可以看出,本轮审核评估仍然坚持“用自己的尺子量自己”的标准,但是高校必须根据自己在全国普通高等教育分类体系中所处的位置,结合自己的办学定位和发展愿景选择评估类型,特别是地方本科院校必须清楚自己属于第二类中的哪一种类型,并要根据自己的办学水平选择标杆院校作为参考,充分体现高校分类评价的特点和要求。

2. 体现立德树人的根本理念

我国在 2011 年明确提出要建立中国特色“五位一体”的本科教学评估体系,并陆续出台了一系列有关本科教学工作评估的政策文件,旨在通过各类本科教学评估,推动我国高等教育教学理念更新,提升高等教育质量。

但以往开展的各类评估活动都是对普通高校本科教学工作的评估。随着我国高等教育的改革发展,对此的认识需要进一步深化,内涵需要进一步拓展。我国高等学校的根本任务就是培养人,高等学校的根本标准就是立德树人的成效。因而,评估活动需要从本科教学拓展到本科教育,把涉及本科人才培养的主要环节、关键要素纳入其中,并凸显高等学校立德树人根本任务,把立德树人的成效作为检验学校本科教育工作的根本标准。

3. 体现评估高校的主体地位

通过合格评估、优秀评估、随机性水平评估等评估工作的开展,高校端正了办学指导思想,促进了教学管理的规范化、制度化,加强了教学基本建设,明显改善了办学条件等;水平评估则使得政府部门和高校进一步加大了对教学的投入力度,使各高校的教学设施条件得到明显改善;全面开展的合格评估也促进了新建本科院校的快速发展;审核评估则有效地促进了高等教育的内涵式发展,为学校推进本科教学改革指明了方向,对提升学校人才培养质量也产生了非常积极的影响。

但有关学者总结当前国内各评估主体实施高校本科专业评估实践活动所依据的评估指标体系,发现主要存在以下问题:一是不同类型和水平的高校本科专业评估指标体系相似度高;二是评估指标体系设计缺乏专业群概念;三是师资水平指标过于重视教师的头衔和称号。这不仅不能激励教师安心讲台,而且加剧了高校之间的名师资源竞争[①]。

4. 强调第三方评估和社会参与

2013年,教育部颁布的《普通高等学校本科教学工作审核评估实施办法》要求:"审核评估要积极探索、建立健全与管办评分离相适应的评估工作组织体系,充分发挥第三方评估的作用。"2015年教育部发布的《关于深入推进教育管办评分离促进政府职能转变的若干意见》进一步强调:"必须深入推进管办评分离,厘清政府、学校、社会之间的权责关系,构建三者之间良性互动机制,促进政府职能转变。"根据文件要求,多数省、区、市在组织开展审核评估时,都委托第三方评估机构负责审核评估的具体实施工作。目前,20个省、区、市中有13个由省高等教育评估院(中心)等第三方评估机构组织实施审核评估工作,已经开始构建科学合理、运行有效的第三方评估工作组织体系。由此可见,通过本科专业的各类评估项目,不仅推进了第三方评估机构的成立,同

---

① 张会杰. 新时期高校本科专业评估存在的问题及对策研究[J]. 大学(研究版),2015(06):39—44,14.

时也提升了社会参与学校人才培养过程和质量评估的力度。

从目前我国政府、社会和高校三大主体承担的高校本科专业评估实践活动看,政府和高校两大主体在高校本科专业评估中扮演着更重要的角色。其中,政府评估指引着高校评估实践,高校自身评估的实践取向依然是以政府评估为引导。虽然社会组织的高校本科专业评估取得了较大的发展,越来越多的社会组织或机构积极参与高校本科专业评估,但是也有学者对第三方评估机构的身份和权威提出了质疑,毕竟鲜有的第三方评估机构都是各省或地方教育行政部门隶属的教育评估院。例如从独立第三方的社会组织的高校本科专业评估效力看,还未对政府的决策和高校本科专业建设与发展的取向有较大影响。由此来看,独立第三方的社会组织从事高校本科专业评估效力的低下,反映了我国高校本科专业评估主体结构失衡的现象①。

5. 注重信息技术和大数据分析在评估中的运用

我国目前的评估实践主要采用本科教学基本状态数据,然而反映教师教学和学生学习行为的即时动态数据较少,对数据的深入挖掘和分析还不够。同时,还缺乏相应的审核要点和数据指标给予必要的支撑,呈现以教学为中心的教与学的特征②。随着信息技术和评估工作的不断融合,高校本科教学评估的方式、方法和技术会不断创新和改进并逐步完善。在未来的评估实践中,需要进一步融入信息技术,建设长期动态采集数据的本科教学基本状态数据库系统,并将其作为主要工具和一种评估手段,进一步提高评估效能。加强信息技术和运用大数据分析,有利于推动高等学校本科教学评估工作的健康发展,推进高校建立本科教学评估的常态机制,保证和不断提高人才培养质量。

三、专业认证阶段的本科专业评估

正如本章第一节的论述,我国普通高校本科教学评估制度发展与专业认证几乎同时产生且并行发展,其间既有交叉,也有独立的发展脉络和评估体系。以工程专业认

---

① 张会杰. 新时期高校本科专业评估存在的问题及对策研究[J]. 大学(研究版),2015(06):39—44,14.
② 陆根书,贾小娟,李珍艳,等. 改革开放40年来中国本科教学评估的发展历程与基本特征[J]. 西安交通大学学报(社会科学版),2018,38(06):19—29.

证为代表的国际认证体系深刻影响着我国工程专业认证工作的进程,师范专业认证是在充分借鉴工程专业认证制度和指标体系的基础上形成的。相对来讲,工程专业认证和师范专业认证理念、指标体系和认证程序具有内在的一致性和相似性。

2012年11月,教育部携手国家发展改革委与财政部共同颁布了《关于深化教师教育改革的意见》(教师〔2012〕13号),该文件正式拉开了师范类专业认证与评估工作的序幕,明确指出了对新建的本科师范院校进行教学合格评估,并对其他本科师范院校实施审核评估的重要任务。以此为契机,教育部教师工作司自2017年起,全面启动了师范专业的专业认证工作,标志着我国师范教育质量保障体系迈出了关键一步。

随后,在2017年10月,教育部发布了《普通高等学校师范类专业认证实施办法(暂行)》(教师〔2017〕13号),该文件为师范专业认证工作确立了明确的指导思想:即全面贯彻落实党的教育方针,将立德树人作为核心使命,致力于构建一个既体现中国特色又达到世界先进水平的教师教育质量监测与认证体系。通过实施分级分类的师范类专业认证,旨在利用评估的力量促进专业建设、推动教育改革、强化教学质量,从而全面保障并不断提升师范类专业的人才培养质量。这一举措的最终目标,是为党和国家培养出一支令人民满意的高素质、专业化、创新型的教师队伍,为我国教育事业的发展提供坚实的人才支撑。此外,该实施办法还构建了师范类专业三类三级的监测认证制度,为师范专业的认证工作提供了科学、系统、规范的指导框架。

(一) 师范专业认证的基本理念

师范专业认证的核心理念,可以精炼地概括为"产出导向、学生中心、持续改进",具体内涵如下:

1. 产出导向

产出导向(Outcomes-Based Education,简称OBE)作为认证的根本导向,其理念要求教育过程紧密围绕社会发展需求与人才培养目标展开。它倡导从师范生毕业时的综合素养及未来职业发展的潜在能力出发,逆向规划课程体系、教学设计及资源配置,确保每一环节都服务于学生最终的学习成果与职业成长。具体而言,通过设定清晰的毕业五年职业成长目标、人才培养目标与课程教学目标,并以此为基准,衡量课程目标达成度、培养目标达成度及职业成长目标达成度,形成对专业办学成效的全面评估。此外,强调毕业生需达到"一践行三学会"的能力标准,即践行师德、学会教学、学会育人、学会发展,并通过细化能力指标点,确保评价的科学性与可操作性。在这一过程中,课程目标达成度评价成为检验教学质量、驱动课程优化的关键工具。

2. 学生中心

这一理念标志着教育范式的根本转变,即从传统的"教师能教什么"转向"学生要学什么"。它要求教学活动的设计、教育资源的分配均以学生为中心,充分关注学生的个体差异与成长需求,确保教学活动能够有效促进学生的学习效果与个性发展。同时,基于学生的学习反馈与职业发展情况,不断调整与优化教学策略,构建更加灵活、高效的教学体系。

3. 持续改进

这是保障师范专业教育质量持续提升的动力源泉,它强调建立一套基于师范生核心能力素质要求的评价改进机制,通过定期评估、反馈与调整,确保人才培养过程能够持续适应社会发展需求与学生成长需要。不仅关注当前的教学质量,更着眼于未来的发展趋势,通过不断地自我革新与提升,推动师范教育向更高水平迈进。

(二)师范专业认证的基本特征

根据普通高等学校师范类专业认证实施办法以及目前开展的师范专业认证实践活动,师范专业认证具有以下几个显著特征。

1. 专业认证结果与教师资格挂钩

师范专业认证结果可以为国家师范教育政策制定、资源配置、经费投入、用人单位招聘、高考志愿填报等提供服务和决策参考,师范专业认证结果与教师资格证书制度挂钩。根据实施方案的规定,通过第二级认证专业的师范毕业生,可由高校自行组织中小学教师资格考试面试工作。所在高校根据教育部关于加强师范生教育实践的意见和要求,建立以实习计划、实习教案、听课评课记录、实习总结与考核等为主要内容的师范毕业生教育实习档案袋,通过严格程序组织认定师范毕业生的教育教学实践能力,视同面试合格。通过第三级认证专业的师范毕业生,可由高校自行组织中小学教师资格考试笔试和面试工作。所在高校按照国家有关要求开设通识课程、学科专业课程(幼儿园分领域教育基础课程)和教师教育课程等,师范毕业生按照学校师范类专业人才培养方案修学规定课程并成绩合格、达到毕业要求,视同笔试合格;所在高校根据教育部关于加强师范生教育实践的意见和要求,建立以实习计划、实习教案、听课评课记录、实习总结与考核等为主要内容的师范生教育实习档案袋,通过严格程序组织认定师范毕业生的教育教学实践能力,视同面试合格。也就是说通过师范专业二级认证的学校的师范生可以在教师资格证书认定时免面试,通过三级认证学校的师范生可以免笔试和面试,这对高校和师范生具有极大的吸引力,巩固了师范院校的师范属性和专业地位。

2. 建立统一认证体系和认证制度

结合我国教师教育实际,分类制定中学教育、小学教育、学前教育、职业教育、特殊教育等专业认证标准,作为开展师范类专业认证工作的基本依据。通过发布国家认证标准,建立三级专业认证体系,有利于做好专业认证的整体规划,实行机构资质认定,规范认证程序要求,开展认证结论审议,构建科学有效的统一认证体系,确保认证过程的规范性及认证结论的一致性。建立第三方评估制度,由省级教育行政部门委托有一定评估经验和评估资质的第三方评估机构对师范院校各师范专业进行评估,以保证评估结果客观公正。

3. 遵循循证逻辑,认证方法多元

师范专业认证遵循循证逻辑,采用多元评估认证方法,强调学校举证与专家查询相结合,通过自评报告、师生座谈、现场查证、用人单位走访以及专家访谈等多方印证的方法,确保认证结果客观公正、以理服人、用证据说话。采取常态监测与周期性认证相结合、在线监测与进校考查相结合、定量分析与定性判断相结合、学校举证与专家查证相结合等多种认证方法,多维度、多视角监测评价师范类专业教学质量状况。

高等教育的专业认证提出以产出为导向、以学生为中心和持续改进三大基本理念,其根本目的是让学生获得更好的发展,注重学生的增值收获(产出导向),重视学生(以学生为中心),帮助学生可持续发展(持续改进)。以产出为导向就是要重视学生取得的学习成果是什么,为什么要让学生取得这样的学习成果,如何有效地帮助学生取得这些学习成果。这些都是专业认证对学生学习的关注重点,同时密切关注受教育者的成效,尤其是在知识、能力、素质的增量上。以学生为中心则是要促进学生发展,满足学生学习需要,全方位、全过程支持全体学生的全面发展。持续改进则是对专业人才培养活动进行跟踪,形成"评价—反馈—改进"的闭路和持续改进的质量文化[①]。通

---

① 江艳. 从耦合观点看教学评估与专业认证对高等教育质量保障的作用[J]. 上海教育评估研究,2022,11(04):24—28.

过长期的专业评估实践,院校管理人员、教师、学生、用人单位以及家长全程参与专业认证过程,逐渐形成了人才培养质量文化和评估文化,这在一定程度上使专业认证获得了更多的社会支持,这是专业认证的一大成就。

【核心内容】

　　高校本科专业建设与本科专业评估是两个相互联系、相互促进的概念,专业建设是专业评估的应用基础和评估对象,专业评估是对专业建设的规范与保障。专业评估是对一个国家特定专业或某一高校的特定专业在一定时期内的建设水平做出价值判断和评价的过程,其目的是以评促改、以评助建。虽然高校本科专业建设与专业评估在有些方面是相似的,但二者在内涵、目标、内容、方法等方面存在学理上的差异性。第三章讨论了高等教育评估的由来与演进、理论基础和实践探索、水平评估到审核评估,本章以高校本科专业建设内涵与评估内涵的对比论述为起点,从专业建设的基本内涵、基本原则、基本特征等维度着手,进而对本科专业评估的内涵进行学理探究。

第四章　高校本科专业建设与专业评估内涵

引　言

在高等教育由规模扩张向质量提升转型的当下,本科专业建设与专业评估作为推动高等教育内涵式发展的核心环节,正日益受到政策制定者、高校管理者及教育研究者的广泛关注。二者虽各具独立功能与目标,但在高等教育质量保障体系中呈现出深刻的互动性和逻辑关联性:专业建设是专业评估的基础和对象,而专业评估则是规范与推动专业建设的外部动力和调控机制。这种互嵌式关系不仅揭示了专业发展与教育质量提升之间的路径逻辑,也对高校人才培养的理念与实践提出了更高要求。

本章正是基于此逻辑起点,试图系统厘清本科专业建设与专业评估的基本内涵与理论脉络。首先,通过追溯“专业”与“专业设置”的学理源流,揭示专业建设在社会分工、学科门类与教育结构三位一体逻辑中的制度属性与功能定位;其次,全面解析本科专业建设的内涵结构,涵盖人才培养目标、课程体系、师资力量、教学资源与治理模式等多维要素,进而明确其发展必须立足学生成长、回应社会需求、服务国家战略;再次,通过对专业建设基本原则的总结,提炼出“学生中心、产出导向、持续改进、交叉融合”等现代专业治理的价值取向。在此基础上,本章进一步探讨本科专业评估的内涵,从定性分析与多维解读两个层面揭示其作为高等教育质量评估核心工具的评价功能与结构构成。通过对目标理念、人才培养模式、课程体系、师资队伍、教学资源等关键维度的剖析,指出专业评估不仅是质量保障机制的重要环节,更是推动专业改革、促进教学改进与增强社会责任感的重要机制。

本章通过对高校本科专业建设与评估的内涵性解析,旨在构建二者之间的理论联系与实践逻辑,为后续章节进一步分析专业建设水平、评估标准体系以及专业优化路径提供理论基础与分析框架。

一、本科专业建设内涵

内涵指一个概念所反映的事物的本质属性的总和,也就是概念的内裹。本科专业基本建设内涵十分丰富,是本科建设的目的、过程、数据、成效、问题等多个因子概念价值的总和,是本科专业建设本质特征及特性的动态阐述。

(一)专业与专业设置

在分析专业建设内涵之前,需先明晰"专业"与"专业设置"的定义。"专业"一词最早是从拉丁语演化而来的,原始的意思是公开表达自己的观点或信仰,与之相对的是行业(Trade)。德语中专业一词是"beruf",其含义是指具备学术的、自由的、文明的特征的社会职业。沃金斯等指出:"从历史发展的角度,我们看到了一个专业的序列,传统的专业由于不断分裂在数量上增长,同时通过一个专门化过程或响应商业、社会价值和技术进步的变化,新的专业得以出现。一千年来,大学的生命是和它周围社会中被认可的专门行业联系在一起的,而且它将继续对新出现的专门行业做出反映。"[①]可见最早的专业界定依托于社会活动,是高等教育发展中对社会的适应与反映,在高等教育范畴内的"专业"界定中必须体现出两个要素,即"社会分工"和"学业门类"。

在我国,专业是与职业紧密相关联的、为输出专门人才的教育培养基本单位。专业的另外一个重要含义,就是按照各专门领域的要求而进行高深学问的传授,这其实强调了专业是高等教育区别于其他教育层次的重要特征。"专业"不仅体现了社会分工的内在要求,或说是按照社会需求而存在的,而且"专业"的核心是相关的学科高深知识,通过对专业知识的集中传授最后输出专业型的人才。因此,社会分工是专业存在的基础,学科知识是专业的内核,教育结构是专业的表现形式。三者缺一不可,共同构成高校人才培养的基本单位。实际上,在大学建设中,学者们更为重视学科建设,学

---

① [美]克拉克·克尔. 大学的功用[M]. 陈学飞,陈恢钦,周京,等,译. 南昌:江西教育出版社,1993:78.

校的资源向校级重点学科倾斜。因为学科建设与教师们的学术水平、学术声誉密切相关，也与学校的社会影响密切相关。教师是学科建设的直接受益者，而专业建设则主要着眼于教学，其质量与效果在短期内往往是难以体现的。

高等教育机构按照社会分工与市场需求来设立高深知识学科门类的过程就是"专业设置"，在准确理解专业学术定义的基础上需要进一步探究我国高校本科专业设置的质量标准。如果从动态视角来看，"专业设置"是为了适应国际和区域经济社会发展的需要而进行的一系列设立、调整和优化专业的活动。如果从静态意义上讲，"专业设置"则是呈现在我们眼前的专业设置情况与状态，在一定程度上，反映了社会人力资本的需求，也是考生报考高校的依据，这种静态或动态概念的理解并不对立，需要结合研究对象具体分析。从专业建设角度讲，我们更多的是从专业设置的动态角度进行分析的。根据教育部印发的《普通高等学校专业目录》《普通高等学校本科专业设置管理规定》等文件的要求来看，专业设置的科学性对于高等教育的发展具有基础性意义，同时也是关系经济社会发展的战略性举措。

基于不同视角对专业概念的理解，高校本科专业设置可以概括为过程与结果、客观属性与主观价值纵横交错的体系，可以得出高校本科专业设置需要从明确其过程与结果的统一、遵循多元逻辑的协调统一、兼顾利益主体权力与需求的统一等方面进行内涵建设①。因此，本科专业建设的基本内涵十分丰富，涉及办学理念、培养目标、教学质量、办学条件、培养模式、治理模式、评价体系和课程体系等，不同的利益相关者广泛参与建设过程。鉴于此，高等学校必须把优化本科专业设置作为实现内涵式发展的重要抓手。

（二）本科专业建设内涵

一个合格专业的基本标志是具有符合社会需求的明晰的人才培养目标和规格、科学的培养方案和课程体系、稳定的师资队伍、完备的实验实践基地、有效的质量监控和保障体系，学生修完全部课程，达到质量标准，获得相应的毕业证书和授予相应的学位，成为合格的专业人才，并能获得较好的社会就业机会。专业建设则围绕这些目标

---

① 刘海涛. 基于"双一流"的高校本科专业设置内涵解析[J]. 宁波大学学报（教育科学版），2022，44(01)：108—115.

来进行和开展。

一个优质专业的核心标志在于其全面而适配性地契合社会需求,具体体现在以下几个方面:有明确且契合社会需求的人才培养目标、有科学合理的培养方案与课程体系、有扎实稳定且高素质的师资队伍、完备的实验实践基地以及有效的质量监控与保障体系,更重要的是,毕业生能够凭借所学知识与技能,在就业市场上获得广泛的认可与良好的就业机会,这是衡量一个专业成功与否的最终标准。

所以,本科专业建设的内涵,既要满足"明示"的要求,又要满足"隐含"的需要。"明示的"要求就是在文件中予以明确的规定和要求,对于本科专业建设而言,包括国家各级立法机关、行政部门出台的法律法规、政策文件,诸如《高等教育法》《教育部办公厅关于进一步加强和改进高等学校本科专业备案和审批管理工作的通知》《关于做好普通高等学校本科学科专业结构调整工作的若干原则意见》等。而"隐含的"需要虽然没有明文发布,但也是某种公认的契约或惯例,是一种不言而喻的内在规定。如政府期望专业建设卓有成效,能够更好地与产业经济结构适应,在产业转型中发挥重要作用;高校期望通过专业发展提高自身影响力和竞争力;社会用人单位希望更方便地吸纳到优秀人才;大学生及家长希望更好就业,更充分地实现个人价值和社会价值,等等。

判断人们对事物的认识是否达到了理性的高度,有三个重要标志:一是看其是否形成了科学的概念;二是看其是否达到了规律的揭示;三是看其是否建立起完整的逻辑体系[①]。政府按专业办学、社会按专业纳才、高校按专业育才、学生按专业成才,专业起始于个人需求、遵循于学校需求、对应于社会需求、满足于国家需求。作为高校人才培养的主要载体,专业与政府、社会、高校、学生有着千丝万缕的权益联系。因此,对高校本科专业建设内涵的理解和探究至少从国家与社会发展的全局性宏观视角、高等教育服务地方利益相关者的中观层面、个人育成和培养的微观方面这三个视角展开分析。

1. 本科专业建设需聚焦人才培养,服务国家和社会需求

专业设置的具体建设工作依靠高等学校来完成,教学作为高校的核心职能之一是围绕专业设置进行的。专业划分的科学性直接关系到国民经济等重要部门的高级人才培养问题,而专业结构的合理性更是关系到区域科技与社会发展的步伐和水平。因此,专业设置是高等教育生存和发展的基础,同时也是其核心。因为高校行政与教学

---

① 龚怡祖.论大学人才培养模式[M].南京:江苏教育出版社,1999:10.

机构的划分、教师资源的分配、教学实践的开展等都紧密围绕专业设置而展开。专业的设置意味着对教育资源的划定、对学校发展方向的定位以及对人才培养重点的设计,因此可以说,专业设置是高校正常运转的内在基础和驱动力,同时,它也决定着国家对人才结构与质量的需求状况。

2007 年,为响应社会人才结构动态发展的迫切需求,教育部审慎地提出了对财政学、法学、治安学、侦查学、运动训练、运动人体科学、民族传统体育、时事科学技术、工商管理、会计学、旅游管理、金融学、宗教学、飞行技术、社会工作及社会学等 16 种本科专业的设置实施管控策略。这一举措促使各高等院校在规划本科专业布局时,更加审慎地考量与这些专业相关的决策,确保教育资源的优化配置与人才培养的针对性。随后,党的十八大报告中高瞻远瞩地提出了“构建现代产业发展新体系”的战略蓝图,强调要坚定不移地走中国特色新型工业化、信息化、城镇化、农业现代化道路。这些政策不仅是对我国国情深刻洞察的结果,也吸收了国际发展的宝贵经验,为国家的经济转型升级和现代产业体系的构建指明了清晰路径。这一系列战略部署,无形中为高等教育领域特别是专业设置与调整树立了鲜明的风向标,引导高校在学科布局上更加紧密地对接国家经济发展的重点方向和现代产业体系的需求。近年来,我国高等教育体系积极响应这一号召,显著加大了与国家重点发展产业紧密相关的专业建设力度。

2. 本科专业设置为利益相关者服务之理念

就目前的实际情况而言,高校已被纳入一个由众多利益相关者紧密交织的关系网络体系内。专业设置决策利益相关者是指能够影响专业设置决策或受专业设置决策结果影响的人和组织,本文通过对相关文献和访谈资料的搜集与分析,确定了包括来自政府、高校、市场和社会的 13 类利益相关者,即教育部、各省(自治区、直辖市)教育行政主管部门、地方高校决策部门、教务处、招生就业处、教学单位管理者、本科教师、本科生、生源、用人单位、校友、媒体和中介组织(第三方评价机构、研究机构、咨询机构等)[①]。高校本科专业设置作为高校履行社会公共职能的重要基础,其过程与结果都应该具有非营利性组织的特征:首先,其过程并不是由“单一化”的决策权力主体来管理,而应该注重多方权力主体的博弈关系及其共同治理;其次,其结果并不是只需满足自身或其他唯一主体的需要,而应该注重多元利益主体需求的统一。高校本科专业设

---

① 许航,孙绵涛.地方普通高校本科专业设置决策机制探讨[J].大学教育科学,2024(06):47—
56.

置是一个利益共享的行为过程,应该体现公共服务的理念,将公共利益视为基于共同价值观进行对话的结果。在此过程中,既要给予不同利益主体应有的权力与责任,又要明确各种权力与责任的价值取向是实现公共利益的最大化。在这一行为活动中,政府的责任应主要是解决宏观层面的布局问题,微观层面的选择权和支配权应留给掌握更多具体信息的高校和市场,同时,保证其他主体对有限资源进行合理配置。

专业设置决定着人才培养的方向,而高校培养人才的重要目的之一就是为国家或地区输送高精尖的专业人才,以促进国家或地区经济社会发展。高校设立相关重点和热点专业及其建设行为在地方性本科院校中体现得更为明显。区域经济发展的特点和重点是当地高校专业设置的重要依据。在 2010 年发布的《长江三角洲地区区域规划》中,特别强调了要"加大创新型人才培养力度,培育适应国际科技创新需要的人才"。在"做强做优先进制造业"一节中提出了要"沿沪宁线重点发展具有自主知识产权的通信、软件、计算机、微电子、光电子类产品制造,形成以上海、南京、苏州、无锡为主的研发设计与生产中心"[①],以此来支持和促进长江三角洲地区的经济发展。相关地方高校根据该《规划》的指导性意见,纷纷强调了相应专业建设与实际需求的接轨程度。以上海大学为例,其通信与信息工程学院(翔英学院)选拔校内优秀的学生入院培养,不断在通信工程专业、电子信息工程专业、生物医学工程专业等领域取得进步,特别要求"在特种光纤、宽带接入网技术、视音频新技术、数字媒体内容安全等学科方向上走在国际或国内的前列"[②]。

在适配社会发展方面,专业设置的决策目标不应仅仅着眼于满足市场的即时需求,而应积极追踪科技发展的新动向,确保学生真正掌握成为杰出创新人才所必需的知识体系、情感素养与专业技能,以便他们能更有效地服务于国家及区域的重大发展战略目标。因而,政府部门要发挥全局作用,组织权威部门和有关专家做出科学的行业发展预测并加以公开发布,高校应结合自身特色与区域经济发展诉求,响应行业人才需求,尽量设置与未来劳动力资源缺口比较相关的各类专业。加强与劳动力市场相关行业和用人单位的联系,促进产学合作发展,避免人才培养和专业设置的盲目性。在突出劳动力市场的导向作用时,也要注意遵循教育教学发展的规律,提高办学效益,

---

① 国家发展和改革委员会. 关于印发长江三角洲地区区域规划的通知[EB/OL]. (2010 - 06 - 22)[2025 - 06 - 07]. https://www.ndrc.gov.cn/xxgk/zcfb/tz/201006/t20100622_964657.html.

② 上海大学通信与信息工程学院.[OL]. http://scie.shu.edu.cn.

并把专业建设和发展目标瞄准为社会经济建设服务这一重点。

3. 本科专业建设着眼高校自身发展与学生个人成长

专业建设作为高校发展定位的重要指针,直接体现了高校的办学特色,同时也是高校与区域经济建设之间的联结点,或说专业建设方向应该考虑区域经济建设需要。高校要根据自身资源条件,在结合国家需要和社会需求的基础上,按照学校类型与层次的特点,对自身专业建设目标进行精准地定位,在定位过程中,既要看到自身的优势,也要找出自己的不足。

高校专业建设是一系列具有前瞻性的战略规划活动,特别是地方高校或区域高校要凸显优势,就必须建立在将自身的某些专业与区域经济社会发展走向相关联的基础上,找准定位,满足社会市场需求。另外,高校的专业投入与发展必须首要以国家的政治、经济、文化现状作为发展大背景。在此基础上,充分考量人口需求、资源多寡,特别要对所在区域的经济结构、人口层次、劳动力需求、教育发展状况等环境进行调研,以此确定专业的建设方向和发展规模,坚持走"特色"之路,通过特色带动整体,通过整体提升特色。

此外,专业建设是本科教育的龙头,是改善人才培养结构、提高高等教育质量的基石,也是个人职业规划的起点。目前大学的核心职能依然是人才培养、科学研究与社会服务。其中,人才培养必须占据高校发展的核心职能位置,而这一职能的具体承担者就是大学中的专业。高校办学的初衷、起点和目的主要是围绕人才培养而展开,即培养什么样的人才?如何培养这些人才?如何提高人才培养质量?因而,专业设置决策要有助于使学生树立正确的世界观、人生观和价值观,使其具备坚定的意志与为国家、区域无私奉献的社会责任感;使学生保持面对新问题、新事物时的好奇心和学习能力,培养学生的创新思维和快速掌握新知识、新技术的能力;培养学生的合作精神和协调能力,为学生加强团队协作、实现理论创新和科技创新奠定基础,等等①。高校只有通过大胆的改革,不断提升专业建设和发展水平,才能更好地担负起人才培养的职责,如此才能逐渐消解社会对高校的忧虑情结和不满情绪。

专业建设尽管涉及专业布局与结构调整、人才培养方案的拟定与完善、教学课程的开发与改革、教学方法与教学管理的革新与突破等多方面的内容,但是,追根溯源还是围绕"人"的培养这一核心问题。作为人才培养的主阵地,高校不仅是联结社会与学

---

① 施晓光. 一流人才培养:标准、关键与条件[J]. 北京教育(高教版),2019(12):8—11.

校最紧密的纽带,更是专门负责人才生产的输出单位,其自身的作用和影响力,与其规模大小、基础设施先进与否、师资与科研能力的强弱等密切相关,这些因素也直接影响学生的培养质量,因此其自身建设就成了人才培养中最为紧要的一环。

本科专业建设作为专业人才培养的基石,对于学生个人的职业规划也具有十分重要的作用。所谓"百年树人",什么样的专业就塑造什么样的人才。学生个人的职业规划往往是在进入高校后才完成的,并且在很大程度上受到专业建设的影响。好的专业往往能够引导学生形成清晰、准确的人生职业规划,坚信所学专业对于未来就业和前程有用。如果有了好的心理预期,学生就会对自身专业抱有较高的期待,并产生较强大的学习动力,愿意为学好或掌握专业知识而努力,如此,往往更能培养出优秀的人才。可以说,人才培养质量在很大程度上取决于专业建设的水平和效果,而且人才在工作岗位上的知识运用能力在很大程度上也是在所属专业学习中习得的。另一方面,高质量的人才对于专业建设也具有"反作用",因为优质的人才往往能够在职场中脱颖而出、受到青睐,久而久之,或无形中就会提高学校的声誉与影响力,使学校及其专业获得更多的社会和考生关注,在招生时,就会有更多的优秀生前来报考相关专业,这对于这些专业的进一步发展具有极大的推动作用。

总之,专业的设置只有充分考虑到社会需求与高校供给之间的平衡关系,才能更好地帮助学生规划未来的职业图景,从而影响学生个人的成长和发展,进而影响社会人才结构的优化,并促进社会进步。

二、本科专业建设的基本原则

党的十八大指出"推动高等教育内涵式发展",这是我国今后一段时期高等教育改革发展的指导思想。究其根本,高等教育内涵建设和发展的工作基础在于专业,或者说,专业内涵建设及其质量的提升直接关系着高校的生存和进步。本科专业内涵建设是本科专业发展的方向和核心,既涉及国家宏观的高等教育政策和人才结构,也涉及中观层面的学校实体和微观的学生发展问题。专业内涵建设的基本原则就是按照专业建设的基本内涵,处理好专业建设与人才培养、专业设置调整与专业发展的内外部逻辑、国家引导与高校自主、内部建设与外部建设等关系时需要遵循的基本准则,明确了专业认证、专业评估指标体系的设计的学术标准和测量要素。在原则的指导下，以学生发展为本位，以社会需求为导向，以能力培养为中心，进而通过高质量专业建设创新人才培养模式，增强专业内涵建设动力。

（一）学生中心、产出导向原则：聚焦专业人才培养

"以人为本"是高校发展的出发点与归宿，无论何时何地，人才培养都应成为专业建设的核心，"以学生为中心"亦为我国工程教育专业认证的核心准则之一，它不仅对专业建设起着至关重要的导向功能，还是评判人才培养质量的核心标准。因此，在专业培养方案的修订、教学过程的执行以及专业评价等多个环节，都将学生的需求置于首位，强调围绕学生展开各项工作。根据《国家中长期教育改革和发展规划纲要（2010—2020年）》和《教育部关于全面提高高等教育质量的若干意见》等文件中的相关指示，任何高校都要牢固确立人才培养的中心地位，要充分利用现有的办学条件，主动适应国家战略性新兴产业发展对高素质人才的迫切需求。在进行人才培养方案的设计时，要围绕"基础知识厚、专业能力强、综合素质高、具有国际视野和社会责任感的创新人才"的培养目标，科学合理地设置课程体系、开展实践教学活动，建立基于产出导向的培养目标和专业建设目标。

（二）质量保障、要素协调原则：打造专业自身高质量建设体系

所有高校的专业建设都应将提高质量放在内涵式发展的核心位置，树立全面的质量关，要把学术质量和人才培养质量并重，加快提高专业发展水平及其竞争力。众所周知，专业作为人才培养和学术研究的共同纽带，在高校发展中具有基础性和战略性作用，因此，高校首先必须高度重视专业的设置、优化与改革。其次，专业的建设必须尊重人才发展规律和教育发展规律。高校存在与发展的基本方式就是以教育活动为载体实现知识传承、知识创新和人才培养，[①]因此，尊重并遵循人才发展规律，坚持以人为本，促进人的自由全面发展，是专业内涵建设的重要原则。第三，要重视学术发展。学术活动是高校生存的基本形式，学术性是专业内涵的灵魂。专业的内涵发展必

---

① 李元元.深入推进高校内涵式发展[N].光明日报,2013-7-30.

须重视学术研究,着力知识的生产和创新。第四,要坚持好质量与规模、综合与特色之间的关系。高校专业内涵的打造必然要重视质量,没有质量的内涵将成为空谈。切忌漫无目的地扩张规模,盲目地追求"大而全"。盲目地扩张规模,很可能会造成专业内涵的空心化与专业质量的下降。因此,高校专业建设的落脚点应该在于"专与精",要走有特色发展道路,不能盲目地开发或设置所有专业,或说不能追求所谓的综合发展之路,如此,往往会违背专业建设的"有的放矢原则",导致资源的浪费和人才的低质量。各高校应根据《教育部关于 2013 年深化教育领域综合改革的意见》,着力优化学科专业结构和完善内部治理结构,正确处理好质量与规模,综合与特色之间的关系,以保证专业内涵建设和发展诸要素之间的调和发展。

(三) 持续改进、动态调整原则:科学判断市场动态,遵从专业发展应然逻辑

虽然高校本科专业建设是一项十分复杂的系统工程,但也有着严密的发展逻辑。其中的师资队伍的组合、教学任务的设计规划、实习场所的建设、教学任务的管理和安排等,都要围绕专业建设的内部秩序。从应然角度看,专业的设置与调整应当遵从专业发展的内外部逻辑的统一契合。本科专业发展的内部逻辑实际上就是学术逻辑,即对于专业知识的归纳与划分、拓展与创新以及分化与综合等的内在逻辑。专业发展的外部逻辑,就是市场对于人才资源的需求,社会经济文化发展对专业调整的要求,以及专业主体之一——学生个人对于专业知识学习的诉求。

专业发展的内外逻辑的契合点,就是要将自身规律与市场需求相结合,正确判断市场动态,从而对市场需求做出适应性调整,既保持专业的稳定性又保证专业适应多样化需求的灵活性。调查显示,近年来高校毕业生的就业压力逐步增大或说就业难度在加大,而社会能提供的职业岗位还存在大量空缺,即存在"有岗无人"现象,出现这一矛盾现象的原因,可能主要在于高校专业设置与市场需求脱钩。因此,特色专业的建设必须建立在市场调研的基础上,要组织专家学者对人才市场进行广泛调研和分析,以大数据作为判断依据,而不能仅靠经验或道听途说进行专业建设的决策。通过不断的专家论证,明晰专业发展方向,最大限度地贴近市场需求,不断加重专业的竞争砝码。同时,高校的专业建设要把握市场经济发展规律,推动专业转型发展,即由粗放型向精益型转轨,要特别突出专业与产业对接、专业与行业对接的准则。高校实现高质量内涵式发展的关键在于主动契合国家战略及区域经济社会的发展需求,不断调整优化

专业结构,以有效缓解结构性就业矛盾。无论新专业的设置还是旧专业的调整,都需要对现有的内外资源进行科学而合理地评估,并准确把握科技发展趋势和社会发展态势。

(四) 分类调控、重点扶持原则:结合国家战略的专业建设布局

国家对区域经济活动的干预与调控,需全面而深入地考量多个社会因素,包括:该区域的支柱产业布局、教育资源丰富度、人力资本质量、科学技术发展水平、独特的区位地理优势,以及政治稳定性、文化多元性和民族和谐性等综合因素。在此基础上,再灵活运用多样化的政策工具,如中央财政的专项拨款、地区财政的精准支出以及制定和实施相应的行政法规与政策措施,来实施中观层面的区域调控策略。高校应该及时关注国家公布的战略性经济社会发展政策,从而面向相关领域进行专业开拓与调整。例如,高校应该重视教育部颁发的《高等学校本科专业设置规定》《关于进一步加强和改进高等学校本科专业备案和审批管理工作的通知》等有关文件精神,竭力发展新能源专业、新材料专业和新技术专业等。

同时,高校也应当理性认识国家战略性新兴产业,一方面这些战略性新兴产业极具前瞻性与人才紧缺性,很可能是未来国家重点支持的产业,其专业人才的缺口较大,学生就业前景光明。但是另一方面,设置与这些新兴产业对接的专业,应该相当慎重,它可能存在巨大风险,因为这些战略性新兴产业受国家政策影响很大,其对应专业设置的科学性尚待检验,而且这些新兴产业是否能够可持续发展也未可知。

(五) 交叉融合、合理布局原则:专业建设需注重专业设置的层次与布局

目前中国高等教育已呈现一种整体的无序竞争状态,专业设置重复的现象普遍存在,趋同现象十分严重,归根结底就是由高等学校混乱发展造成的,也可以说,是高校对自身专业发展没有准确的定位。一些原本具有专业特色的高校却要走综合发展之路,要竭力举办综合性大学,错误地认为只有综合发展才是提升院校层次的必经之路,因而不仅丢掉了自身的特色,也在所谓"综合"过程中稀释了有限的教育资源。另外,还有一些地方性院校希望升格为国家级大学,而忽视了自身对区域经济社会发展的巨大责任。这些"高定位""高目标",导致了高校间形成了一种无序的竞争状态,导致了高校职能错位或职能弱化,即不论综合型大学还是专职类院校都想方设法开设大而全

的专业,逐渐模糊了各类院校之间的区分度,呈现"千校一面"。

因此,为了使高等学校专业设置能够适应经济社会发展的需要,高校应当充分考虑到本校所处的层次和地位,要以满足社会多层次、多样性的需求为己任,来确定专业设置与专业调整的方向。特别是一些地方院校,它们与地方经济社会发展有着最紧密的联系,最应该对接地方经济社会发展对人才的需求。因此,对于地方院校的专业设置,政府应该加强引导与指导,经常性评估其专业潜力和专业特色,扬长避短,促进其错位发展。当然,也要根据实际情况,适度放开地方院校专业设置的自主权,"解放手脚",以激发其办学积极性。

三、本科专业评估的内涵分析

学界普遍达成共识,将专业评估视为高等教育质量评估体系中不可或缺的一环。这一过程聚焦于高等学校内的各个专业,严格遵循既定的评估标准,依托可靠的评估方法,确保整个流程的公平、公正与公开。专业评估综合运用了定性与定量分析的多元手段,对专业的建设现状、发展水平及整体质量进行全面、综合的价值评判,旨在客观反映各专业的实际情况,为高等教育的持续优化与提升提供依据。[1]

(一)本科专业评估内涵的定性分析

评估是根据一定的标准,以定量或定性的形式对事物作出价值判断的过程。专业评估是以专业为对象,依据评估标准,利用可行的评估手段,通过定性与定量分析,对专业进行价值判断的过程[2]。2011 年,教育部颁布了《关于普通高等学校本科教学评估工作的意见》,提出了以学校自我评估为基础,以院校评估、专业认证及评估、国际评估和教学基本状态数据常态监控为主要内容"五位一体"的高等教育教学评估顶

---

① 任长印. 我国高校专业评估研究综述[J]. 湖北经济学院学报(人文社会科学版),2014,11(06):115—116,121.
② 张彦通,李茂国,张志英. 关于我国高等教育专业评估工作的若干思考[J]. 高等工程教育研究,2005(03):37—40.

层设计①。专业评估的主要内涵一般涉及该专业的办学理念、目标定位、人才培养方案、人才培养目标、教学组织情况、教学手段和条件、教学资源配置与利用情况、国际化程度、学生学习成效、学术成果、师资队伍、专业特色发展等反映一个专业综合价值的各种主客观因素。在实际评价时，可以根据专业评估的目标和要求，对各个评估要素有所侧重和选择。所以，专业综合评估能够有力地引导和推动高校优化专业结构，强化内涵建设、深化综合改革，增强专业的优势特色，是促进高校内涵发展的有效手段。

（二）本科专业评估内涵的多维解读

专业评估作为高等教育质量保障的重要手段，自 20 世纪 80 年代引入以来，经过我国教育界的消化吸收与本土化守正创新，已逐步融入并深刻影响着我国高等教育体系的发展。这一过程中，专业评估不仅保留了其固有的导向性、鉴定性、诊断性、调控性、激励性和改进性等核心功能，更在结合我国教育实际的基础上，实现了从"引进"到"创新"的飞跃，推动了专业评估的中国化进程，初步形成了中国特色专业评估体系。大学的专业建设要靠合理的教育管理体制的监督与引导，而作为一种管理手段的专业评估，运用到高等教育管理实践中，可以推动专业建设和提高其水平。因此，专业评估就成为提高教育质量的重要抓手。专业评估结果，既能在一定程度上反映高校的办学水平，也能促进高校完善和优化专业内涵。结合评估指标体系和实践，这里从目标理念评估、培养模式评估、课程体系评估、师资队伍评估、教学资源评估等 5 个核心维度，探索本科的内涵建设，助力高校本科建设的高质量发展。

1. 目标理念评估的内涵解读

黑格尔指出："凡生活中真实的伟大的神圣的事物，其所以真实、伟大、神圣，均由于理念。"②专业评估的目标理念，回答的是专业评估为什么要做，为谁做，做了对这个专业有何影响和作用等认识论层面的问题，反映了专业评估的价值问题，高质量的专业评估，往往先明确评估目标和理念是否对专业建设有预见性和前瞻性的定位，是否刻画了专业评估的时代特征和发展方向。专业评估客体或是人，或是专业教学或活

---

① 吴岩. 贯彻落实本科教学评估新方案，加强高校内部质保体系建设[EB/OL]. [2025 - 06 - 09]. http://www. pgzx. edu. cn/modules/news_detail. jsp? id=1470.

② ［德］弗里德里希·黑格尔. 小逻辑［M］. 李智谋，编译. 重庆：重庆出版社，2006.

动,而最终起作用的是利益相关者,因而高质量教育评估从"对(客体)评估"转变为"为(客体)评估",在制定评估标准、组织实施、结果反馈等评估实践中调动发挥评估客体的积极能动性和创造性①。

评估活动之初就要通过目标,预设评估结果能否满足利益相关者的需求,评估过程能否实现营造民主和谐的氛围,评估环节能否尊重评估客体的价值观、意愿和情感,并围绕专业评估的短期目标和远景目标进行专业评估活动的体系设计和系统优化方向。

2. 培养模式评估的内涵解读

人才培养模式,作为现代教育理论与教育思想的具体实践,是依据明确的培养目标和人才规格要求,通过构建稳定的教学内容体系、课程体系,以及配套的管理制度与评估机制,系统性地实施人才培育的全过程。这一过程强调对人才成长的全方位塑造与引导。高质量的教育评估以评估客体为中心,以促进评估客体发展为最终目的。评估客体或是人,或是专业教学事务或活动,而最终起作用的是人。因此,对人才培养模式评估的内涵解读,实质上是对该模式能否有效培育出符合社会需求、具备合格素质人才的一种深度审视。这种评估直接关联到专业的社会贡献度与存在价值,是衡量专业教育质量与教育目标达成度的重要标尺。通过科学的评估,可以及时发现并优化人才培养过程中的不足,确保专业能够持续为社会输送高质量人才,从而巩固并提升专业的社会认可度与行业影响力。

3. 课程体系评估的内涵解读

课程体系评估的内涵较广,涵盖了课程的计划、实施过程及最终成果等多个关键要素。它不仅仅局限于课程计划本身的合理性与可行性分析,还深入参与课程执行的教师、学生及学校层面的表现与互动,更关注课程实施后对学生与教师个人成长与发展的长远影响。在解读课程体系评估的内涵时,往往聚焦于采用科学方法审视课程的目标设定、内容编订及实施过程,旨在客观评判课程设计对于实现预期教育效果达成的贡献度。这一过程融合了价值判断,即在充分描述事实的基础上,融入评价者的教育理念与价值偏好,形成对课程设计成效的综合评价。总之,课程体系评估的核心在于评估课程的目标、编订与实施是否紧密围绕并有效促进了专业人才培养目标的实现,以及这一目标达成的程度如何。通过这一过程,我们能够清晰地认识到课程设计

---

① 冯晖.高质量教育评估的内涵要义与推进策略[J].上海教育评估研究,2023,12(02):1—7.

的成效与不足,进而基于评估结果制定出切实可行的课程改进策略,不断推动课程体系向更高水平发展。

4. 师资队伍评估的内涵解读

师资队伍数量与结构是专业核心竞争力的根本所在,对专业发展具有决定性影响。师资队伍评估的内涵解读主要涉及教师的师德建设、能力水平提升、地位待遇提高、数量与结构等核心维度。教育部的《普通高等学校本科教学工作合格评估指标体系》中就对数量与结构有规定,比如对"具有博士、硕士学位"有着严格的界定:是指已取得博士、硕士学位的专任教师,但不包括各种研究班学习的、研究生班毕业的、获第二学士学位的、现在攻读研究生学位尚未获得学位的。该指标的内涵就在于:

(1)看专业师资队伍的整体质量状况,数量、学科、学缘、年龄、学历、职称分布情况。

(2)看该专业教师的科研状况、新专业师资队伍状况;对于新建本科专业,还应关注双师型教师所占比例。

(3)学院在应用型师资队伍建设上的具体举措及成效。

5. 教学资源评估的内涵解读

教学资源是为专业教学的有效开展所提供的素材等各种可被利用的条件,包括教材、课程资源库、案例库以及网络资源、学科与科研资源等辅助教学资源,这是进行专业课堂教学及其他教学活动的"软"基础。教学资源评估的内涵解读,不仅涉及对教学资源的数量和质量的评价,还包括对教学资源如何支持学生学习和教师教学的有效性进行评估。具体来说,教学资源评估的内涵包括以下几个方面:

(1)教材和教学资源建设:评估教学资源时,应关注教材的质量和适应性,特别是对于应用型人才培养的教材,确保教材内容与产业发展需要相适应。

(2)教学设施和条件:评估教学设施和条件时,应考虑如何利用现代技术,如智慧教室、智能实验室等,来适应"互联网＋"课程教学的需要。这些设施的建设和使用效果是评估的重点,旨在促进学生在专业学习中个性化学习、开放式学习和泛在学习。

(3)教学资源转化:产业技术发展成果和产学研合作项目转化为教学资源的情况也是评估的重要内容。学校应采取有效措施,积极开拓和利用各类教学资源,将最新的产业技术发展成果和产学研合作项目转化为实验项目和教学材料,以提高学生的实践能力和创新精神。教学资源评估的内涵解读旨在通过评估教学资源的有效性、适应性和创新性,促进教育教学质量的提升,培养符合社会需求的高素质人才。

另外,在校生对专业的了解度以及毕业生对本专业的评价等,都应该成为开设新专业或调整老专业的重要依据。专业内涵解读还应该关注的维度必须包括教师(教师教学水平、教师职业发展)、教学支持资源、专业教学改革、学生学习成效、教育国际化、特色项目等。详情请见表 4.1[①]:

表 4.1　专业内涵建设考量的维度

一级指标	二级指标		主要考量点
1. 专业目标	1.1	专业目标	(1)专业发展定位的合理性与可行性,与学校定位的符合程度;(2)专业人才培养目标清晰,有特色;(3)师生对本专业定位及人才质量目标的了解程度。
	1.2	专业管理	(1)专业管理组织及制度健全,运行有效;(2)专业内部质量保障体系科学、合理、有效;(3)有专业年度报告制度,执行情况好。
2. 教师	2.1	教育教学水平	(1)专业教师满足专业人才培养需要(从学历学位、行业背景及国外研修背景等方面分析);(2)学生评教结果及分析;(3)教师科研或教育教学研究成果;(4)教师服务社会的能力。
	2.2	教师职业发展	(1)对青年教师的培养及教学水平的提高情况;(2)近 3 年专业教师国内外(境外)专业访学、讲学及参加学术会议情况。
3. 教学支持资源	3.1	教学基本条件及利用	(1)专业网络资源建设及利用情况;(2)专业现代教学平台利用情况;(3)近 3 年学校对专业的年度经费投入及绩效情况。
	3.2	实验实习条件及利用	(1)专业实验室满足教学需要情况;(2)专业实验室使用情况;(3)产学研实习基地利用情况。
	3.3	文献利用	(1)师生使用纸质文献情况;(2)师生使用电子专业文献情况。
	3.4	师生服务	(1)教师教学支持与发展中心建设与运营情况;(2)学生学习支持与发展中心建设与运营情况。
	3.5	课外文化活动	(1)课外活动条件及开展情况(文艺、体育、学术讲座等);(2)本专业学生参与社团情况;(3)学生参与专业竞赛活动情况。

[①] 宋彩萍,孙莱祥,林荣日.高校专业内涵建设自主评估框架维度甄别与建构[J].中国大学教学,2011(11):79—82.

一级指标	二级指标		主要考量点
	3.6	校友联系	(1)专业师生与校友的联系制度及成效；(2)近3年校友参与专业建设与发展的情况。
4. 专业教学改革	4.1	人才培养模式	(1)人才培养模式改革与创新的思路；(2)人才培养模式改革成效。
	4.2	课程体系及教学内容	(1)课程体系能否充分体现学生核心能力的培养；(2)教材选用及利用情况；(3)改革成果，包括省部级以上的精品课程、优秀教材、教学名师、教学团队等。
	4.3	实践教学	(1)专业实验开出率，综合性、设计性实验比例；(2)开放性实验室利用效果；(3)学生创新创业项目及成效。
	4.4	教学方法与手段	(1)教学方法与手段改革的制度与条件；(2)教学方法与手段改革的成效与评价。
5. 学生学习成效	5.1	学风	(1)学习氛围浓厚、积极向上；(2)学生积极参加社会各项活动，有社会责任感。
	5.2	专业核心能力	(1)专业基础知识的掌握情况；(2)专业核心能力的提高情况；(3)专业相关知识的掌握情况。
	5.3	毕业论文（设计）	(1)近3年学生毕业论文（设计）选题；(2)毕业论文（设计）的答辩与评分；(3)毕业论文（设计）的质量分析。
	5.4	学习成就、就业率、就业质量	(1)学生参与专业竞赛及获奖情况，学生在公开刊物上发表的论文；(2)考研率；(3)建立就业跟踪制度；(4)以往3届以上毕业生就业率与就业质量跟踪分析。
	5.5	社会评价	(1)教师评学；(2)在校生自评；(3)毕业生对专业的评价；(4)家长及社会用人单位对毕业生的评价。
6. 教育国际化	6.1	战略规划	(1)学校教育国际化战略；(2)教育国际化的设施。
	6.2	专业建设效果	(1)教育国际化合作项目及成效；(2)师生外语应用能力；(3)外文原版教材引进及使用情况。
	6.3	学生交流	(1)近3年专业学生国际交流情况；(2)本专业各类留学生情况。
特色项目			以上维度未能包括与专业内涵建设有关的特色项目

四、本科专业建设的路径

（一）提高专业内涵建设意识

专业的可持续发展必须建立在稳定的高质量基础上,高质量才是专业内涵发展的根本。专业内涵建设牵涉许多方面,但其首要工作,就是要树立提升专业内涵素质的意识,认识专业质量是专业生存发展的生命线,在全校上下各个层面要达成优质内涵建设的共识。高校相关部门应该做好相关的动员工作,调动各部门积极性,并做好专业建设的顶层设计,布好局、掌好舵,做好任务的分工与布置,促进专业内涵建设工作稳步推进。其次,要树立与市场需求相契合的专业建设理念。本科专业建设的风向标之一,就是要看培养的人才是否能接受市场的检验,为此,高校自身必须树立严格的人才质量责任观念。第三,专业的发展必须设置明确而独特的总体方向——专业目标。高校必须明确自身的培养层次,是面向全国还是面向区域输出人才?是培养领军型人才还是应用服务型人才?切忌盲目拔高培养目标、盲目设置专业。精准的专业定位,是专业发展的指针。

人才培养目标必须清晰、有特色。专业特色的形成是专业活力的体现,开展特色专业建设必须使培养目标与社会需求密切关联,满足国家经济社会的长远发展,以及对紧缺型人才的需求。所有高校都应该竭力建立一批能体现自身特色和高质量的专业点。特色专业主要是指高校在国家办学思想的指导下以及在长期的办学实践过程中逐渐凝练而成,具有独特明确的办学定位,在课程设置、师资队伍、教学设施与毕业生质量等方面,都具有很高的社会认可度的专业。特色专业,顾名思义,就是这一专业具有某些独特性、独创性与先进性,即"人无我有、人有我优"。

特色专业的另一大特点就是具有高度的市场适应性,无论是国家强调的与社会经济发展结合紧密的专业,还是优先发展的培养紧缺与艰苦行业人才的专业,都要求紧密联系社会经济发展现实。而且,特色专业人才培养目标的确定,也要结合国家战略方针、地方的经济形势、产业结构以及行业布局等对人才的需求。高校培养出高质量的满足行业发展的人力资源,将进一步扩大专业影响力,吸收更多的社会投入,从而形成高校支撑产业、行业反哺高校的良性循环。

（二）建设进出有序的建设体系

高校的专业建设还应从战略层面出发，注重形成良好的专业体系，即不同专业间应形成专业联结区域，构成专业发展链，特别是在新兴学科、综合性学科之间，要努力找到依靠点、生存点与生长点。通过在专业联结区域的扩展和延伸，形成不同专业之间的相互交叉与渗透，融合与发展，一方面强化已有专业的实力和提高其水平，另一方面开拓新兴专业，并激发整个专业链的活力。

从实质上讲，高校人才培养活动主要是围绕课程体系而展开的，课程设置的科学性、先进性、合理性、连贯性将直接影响学生的培养效果。那么课程设置的核心依据是什么？主要是考量专业培养体系与职场行业的对接程度。因为大学的专业教育"是为了激发和引导学生去走自我发展之路"，所以大学的专业课程不同于其他阶段的教育"可以填鸭很多学科的东西，而是必须要有所专精，否则无从教育和培养人才"[1]。专业化的学习，可以提升学生的职业技能，提高其就业能力和劳动力市场竞争力。市场需求是课程调整的必要参照。

目前，我国许多大学的课程设置往往无视市场的结构性需求，所造成的后果是，在错综复杂与迅速变化的市场环境下，高校毕业生的就业形势日益严峻，因此，根据实际情况，经常改革课程体系实有必要。而且在大学的招生、培养、输出（就业）三个环节中，最为关键的就是中间的培养过程，而课程设置好坏又是这一环节的关键。另外，课程体系应该针对不同培养方向进行有针对性地开发和建设，应避免弱化专业素养的"一刀切"培养模式，如此才能促进专业建设的科学、系统性和可持续发展。

与此同时，高校应避免"跟风热"，规避盲目追随"热门专业"。有关部门应该建立一个有效的专业建设预测、调控和预警机制，使经济、行政和市场的力量能够成功地形成监督合力，对高校专业结构进行持续有效的监测，以保障专业设置和调整的前瞻性、目的性和合理性。另外，也要做好专业建设的长远规划，避免盲目响应所谓的"热门"市场需求，而随意打破专业设置结构的连贯性、合理性与科学性。同时，高校还应建立专业的合并与撤销机制，加大对陈旧专业的改造力度，根据学科发展态势，

---

① ［英］怀特海.教育的目的［M］.庄莲平，王立中，译.上海：文汇出版社，2012.

加快实现专业发展与经济发展相对接,并及时开设"朝阳"专业以及保障"夕阳"专业的顺利退出。

(三) 发挥高校主观能动性

设置什么样的专业?如何调整已有专业?最直接的设置主体应该是高校自身。因为高校有各自的发展定位,根据自身的历史沿革,已经基本形成了比较清晰的强弱格局,而且高校自身也最能清楚地掌握自身发展与区域地情的结合度。从近几年的情况来看,我国政府在逐步给予各高校更多的办学自主权,减少行政审批与干预,逐渐从高校的具体管理活动中退出,转而通过经济、法律和评估等间接手段对高等教育进行宏观调控,包括各种中介机构在内的其他社会部门,也开始在高等教育决策、评估和监督等环节中扮演日益重要的角色。

高校自身要充分利用好自主权的作用空间,发挥自身的主观能动性,增强专业建设的科学性、合作性、系统性和可操作性,建构起完备、科学的专业体系。要在战略上做好统筹安排,考虑社会持续性发展需求来建设专业,满足区域经济发展和市场需求是高校专业设置的落脚点和根本目标。高校应经常根据社会调查数据理性判断专业人才的需求缺口状况,也要认真考虑国家或地方热门产业的发展动态,及时调整专业课程,但也要避免追求短期效益而设置生命力短暂的专业。

因此,高校也应制定较长远的专业发展规划,而不能只注重眼前利益,不能过于频繁地调整专业设置,以免造成物质资源与人力资源的双重浪费。在政府统筹下,各高校之间也可以形成整体性的专业结构体系,保障高校间专业结构的合理、有序和特色发展,规避校际间不必要或恶性的竞争。

另外,在校生对专业的了解度以及毕业生对本专业的评价等,都应该成为开设新专业或调整老专业的重要依据。专业内涵建设还应该考量的维度必须包括教师(教师教学水平、教师职业发展)、教学支持资源、专业教学改革、学生学习成效、教育国际化、特色项目等。详情请见表4.1[1]。

---

[1] 宋彩萍,孙莱祥,林荣日.高校专业内涵建设自主评估框架维度甄别与建构[J].中国大学教学,2011(11):79—82.

（四）合力充实建设内涵

专业建设不能各院系"单枪匹马""各自为政"，相关专业应该形成专业群、专业链，彼此关联，资源共享。专业群或专业链主要是为了适应区域经济社会发展所需，根据产业集群的特点而设置，以达到资源有效配置的若干相关专业的集合。专业群或专业链的构建，应该以为区域经济服务为宗旨，以产业集群或产业链为依托，充分利用各种配置的资源。① 一般说来，专业群中应该设有一个或两个核心主干专业，围绕主干专业再设置四个到六个相关专业。"发挥重点专业资源建设的示范、共享、辐射、引领作用是重点专业带动专业群建设的重要内涵。"由于"教育资源的复合性"，"通过辐射建设能促进教学资源的优化整合和竞争合力建设，利于提高专业资源使用效率和教学质量。"②

另外，品牌专业必须具有一流的人才培养方案，要注重对专业品牌人才培育的维护，让好的声誉在无形中推动品牌的社会影响力。专业特色的凝练过程就是专业品牌不断充盈与拓展的过程，因此要特别注重专业质量、特色、声誉等各方面的打造。专业品牌的打响要依靠优质人才的培养、优秀的教师队伍和先进的课程体系等。

（五）动态调整专业建设方向

专业建设的重心应该是关注已有专业的精益化发展，而不应过度关注对新专业的申办开发。特别要增强专业自身的柔性，提升专业自身适应力，通过专业结构的优化，增强能动地与变化的市场节奏相吻合的能力。同时，也应适当注重拓宽专业口径、增加专业方向的灵活性。专业口径的大小与专业知识和岗位技能密切相关，专业口径小意味着学生培养期间所学的知识具有较强的专业性。不过，并非专业口径小就好，因为市场需求瞬息万变，小口径培养的人才虽然有十分强大的对口优势，但是，一旦该行业饱和，就很难找到适合的岗位，这可能造成暂时性的失业。相比小口径，专业宽口径

---

① 杨晨美子.专业学位研究生教育产教融合的困境与破解——互动仪式链理论视角的分析[J].高教探索，2024（01）：54—60.

② 周旺.高职院校重点专业内涵建设的实践研究[J].南宁职业技术学院学报，2013，18（06）：43—47.

更能适应社会对人才需求的多样性与多变性。社会的快速发展,对人才的要求不仅需要专门的知识,更重要的是要具备较强的灵活适应能力。因此,专业内涵建设的趋势应该是不断扩大专业口径。

高校专业的内涵还在于创新性,即需要通过寻找综合学科之间的共通点、生长点,定位高远,以世界一流强势专业为标杆,不断加强专业之间的交叉互补、交融渗透、文理交融、专业复合等,从而形成具有生机和活力的前沿专业。另外,高校应该及时把握国内外最新的专业发展动态,从而在专业调整与内涵提升方面把握主动。

(六) 对标国际前沿标准

归根到底,学校的发展要依靠专业发展,而专业发展的标杆要向国外先进的专业看齐,如此才能推动高校与国际一流高校不断缩小差距。在全球化背景下,高等教育国际化和人才竞争国际化已成为普遍现象。全世界范围的人才流动和对人才要求的国际标准的出现,社会上对符合国际职业资格的劳动力需求的不断增长,要求高校在人才培养过程中应该具有国际战略眼光。因此专业建设的未来之路应面向国际,面向世界,瞄准相应专业的国际标杆进行学习和赶超。为此,首先要树立国际合作观念,不断拓展与国际一流高校的交流与对话机会,特别要选择与强势专业合作,而合作方式,可以采取中外合作办学、合作办专业、聘用高水平外籍教师、通过项目交流增加国内外教育互动等,甚至还可以开辟教育特区。例如,可以在经济较为发达的城市或地区,逐步吸引国外资金、教育与管理模式,推动国内外高校间学分互认、学历互认,以及不断推进课程与专业结构的国际化。

【核心内容】

　　本章系统地回顾了教育评价理论的发展历程,并详细分析了其不同阶段的评估方法。本研究将教育评价的发展划分为五个主要阶段:测量时代、描述时代、判断时代、第四代评估以及大数据时代。

　　在测量时代,教育评价主要通过量化测量工具进行,强调结果的客观性和数量化。描述时代影响力最大的就是由泰勒教授提出的目标评价模式,关注通过教育中外显行为变化来判断既定教育目标的实现程度,开始重视教育过程中的描述性评价。判断时代引入了以决策为导向的评价模式,如 CIPP 模式,强调对教育决策的评价和目标合理性的判断,推动了教育评价的科学化和系统化。第四代评估理论强调利益相关者的多元参与和心理建构,认为评价是参与者共同的心理建构过程,注重多元主体参与和价值协调。大数据时代利用现代信息技术,如大数据和人工智能,开展全面、动态和智能化的评价,强调立体评价和智能化、服务导向的第五代评价。

　　本章特别关注了本科专业评估的主要方法,归纳了各个时代的专业评估方法,从早期的迎合性评价到现代的实证主义和后实证主义评估,详细讨论了这些方法的优缺点。在总结教育评价的发展趋势时,文章强调了评价方法的多元化和科学化,并提出未来教育评价要坚持智能化和全面化的发展方向。这些理论和方法为当前及未来的教育评价改革提供了重要的参考与指导。

第五章　高校本科专业评估方法

引　言

专业是人才培养的基本单元,是建设高水平本科教育、培养一流人才的"四梁八柱"。专业评估是按照拟定的指标体系,从不同的观测点对专业进行监测和评价的过程①。本科专业评估旨在通过剖析影响本科专业发展的因子,锚定专业建设中的问题,从而更明确专业高质量发展的方向。

教育评估理论的不同发展阶段都有与之相对应的评估方法和技术,从单一量表到多维精细指标,从教育管理者主导到利益相关者广泛介入,从课程目标中心到对目标的合理性的判断及对评估本身的关注,评估方法也趋于成熟,甚至很多超前的评估方法开始落地尝试。本章分三个维度归纳了国内外本科专业评估的常见方法,并结合实际应用对各种方法的优势和不足做切片式学理辨析。

一、描述及判断时代的专业评估方法

专业评估,作为高等教育质量保障体系的重要组成部分,其起源可追溯至美国。在 19 世纪末至 20 世纪初这一历史时期,随着美国高等学校数量、开办专业和入学人数的急剧膨胀,社会各界对于确保高等教育质量的呼声日益高涨。为满足这一需求,社会用人单位开始寻求建立一套科学的评估标准(即专业评价的基准点),以便对各高校的专业建设质量进行客观、公正的衡量,这一需求标志着专业评估作为高等教育质量保障活动正式登上历史舞台。

---

① 叶峰.高校本科专业评估思考与探索[J].上海教育评估研究,2017,6(06):25—28.

于是，从专业评估的"测量时代"开始，许多心理学家就开始尝试通过定量的测评量表来构建专业评估方法论体系，但是这一时期的专业评估方法的理论基石并不扎实，甚至评估成为附庸管理的幌子，菲茨帕特里克(Fitzpatrick)等人按照评估目的和用途将专业评估模式划分为目标导向类、管理导向类、顾客导向类、专家导向类以及参与类五种；斯塔弗尔比姆(Stufflebeam)则将美国1960—1999年间所出现的22种评估模式依据概念内涵分成了伪评估、政策审议评估、改善/绩效问责取向评估和社会议题导向评估这几类①。而早期的伪评估有迎合性评价法、授权性评价、政策回应法等，这些评估或多或少都有为了获取专业建设资源而粉饰评估过程的嫌疑。

以迎合性评价法为例，有些评估员为了迎合学校的"客户"对某些预先确定的专业评估结论的渴望，将其对公众专业评估完整性、客观性的承诺搁置一旁，不管专业评估的实际成果如何，人为驱使评估结论迎合"客户"的好感，以期获得更多的专业资助，典型案例就是1907年美国医学协会的医学教育委员会与医学院校协会共同对医学各专业进行认证评审，然后公布通过认证的专业与所在学院的名单，这些医学院及其专业被承认能为医学专门职业提供适当的预备教育②，但是为避免资助减少或中断，评估人员完全不报告该专业建设在课程开发和模型验证方面的疏漏和不足，以至于专业评估沦为形式。参见图5.1。

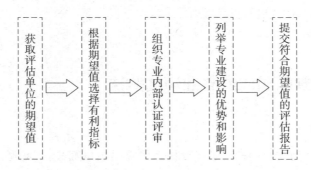

图 5.1　早期的迎合性专业评估法操作流程

再比如行动研究法衍生出来的政策回应性评估法，从管理层收集大学专业建设的痛点，通过一系列形式，如聚焦辩论、专题研讨、辩论等，对评估结果进行辨析并利用

① Mertens M, Wilson A T. Program Evaluation Theory and Practice [M]. Guilford Press, 2018(02):221.
② 王致和. 高等学校教育评估[M]. 北京：北京师范大学出版社，1995：440.

评估结果来审议本科建设计划中管理层最关切的问题。还有从商业活动中舶来的"客户口碑评价法",类似许多商业企业在其网站上获取并公布消费者的评分和叙述性评论来作为商品评级的依据,在大学当中,征集专业管理者、学生的评价或评级并选择性公示。其缺点较为明显,因为我们和许多消费者一样,都希望有机会了解其他购买者对产品的评价,但是无法判断其他客户反馈是否真实。对专业评估来说,如果之前的评论是伪造的,而不是来自实际的管理者和学生,就会误导大众对专业建设质量的判断。

在对伪评估的批评和审视中,本科专业的参与式评估也初见端倪。早期的参与式评估以公民参与和组织学习理论为基础,倡导评估者、政策制定者和利益相关者在评估场域中的联结,共同扮演角色。参与式评估的评估者和参与者共同分享对评估的控制权,确保每位成员都能充分发声,同时巧妙地平衡各方观点,促进共识的形成。这种全方位的参与不仅增强了评估过程的透明度与公正性,也使得评估结果更加贴近实际需求,更能反映多方的利益与需求,为后续的决策与改进提供了评估参考。

除了伪评估外,早期的政策审议专业评估模式也在很多学校得到应用发展,该评估模式具体分为两个层面,四个环节:项目验证、情景确认、社会论证和社会选择①。

在评估专业项目的框架中,"项目验证"与"情景确认"作为第一顺序评估,聚焦于更细节层面,深入剖析专业项目成果及其具体运作环境。这一过程旨在细致考察项目成效及其背后的社会、经济、文化等背景因素,确保评估的精准性与针对性。而"社会论证"与"社会选择"则构成了第二顺序评估的宏观视角,它们将评估的视野拓展至更为阔大的社会领域,探讨专业项目对社会分工、意识形态以及价值体系的潜在影响。这一层次的评估旨在揭示项目与社会发展之间的内在联系,评估其是否符合社会整体利益与长远发展目标。

遵循此评估模式,评估者被赋予了双重使命:一方面,他们需运用实证分析方法,对项目数据进行严谨处理,确保评估结果的科学性与客观性;另一方面,他们还需具备组织论辩的能力,引导各方利益相关者就评估结果进行深入讨论,共同探寻符合多方利益与社会规范的最佳路径。利益相关者则是基于自身所积累的社会实践经验,为评估提供更多个性化的视角与见解,帮助判断专业项目与当前社会情景的契合度。早期的参与者评估、专业审议评估在很多环节上,对利益相关者的授权还不够完整,还称不

---

① 宋宇.一种可操作的协商式政策评估方法[D].北京:北京理工大学,2016.

上是非常公平公正的评估范式。参见图 5.2。

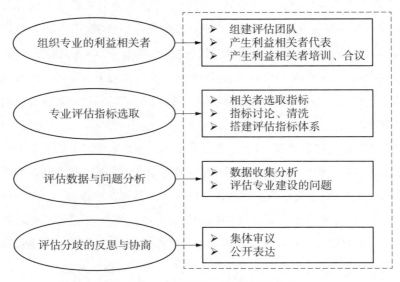

图 5.2　早期的参与式评估操作流程

这一时期的评估方法多数存在"削足适履"的弊端,毕竟很多都是从公共政策研究的其他领域衍生而来,往往由权威机构公布专业评估数据,甚至使用有偏差的样本数据来证明某个专业的价值偏差,评估的报道具有浓厚的权力运转的气息,且评估过程信息不透明。比如在迎合性评估中,评估者预先组织的评估是"客户喜欢"的评估结论,往往只产出有利于资金获取的专业评估报告,以讨好并保持客户的好感来获取持续注资。所以早期的评估方法很多被称为"伪评估",如果推广应用,就会助长和支持不公正、误导性的决策,树立错误的评估观念,降低大众对评估服务的信心,即使评估者的目标是对社会有建设性的,但通过伪评估的方式也不会取得任何有价值的成果。

此外,早期的评估普遍存在自评自画的弊端,比如英国专业评价一般是大学自己的事情,这延续和传承英国大学自治的传统,英国高校自治的传统让大学拥有设置新专业、评估已有专业或者裁撤专业的权力,大学的专业质量评价只需通过大学内部的质量评价程序,英国高校对各自所设的专业质量负责,而外部评议缺失。

经过八年研究之后,教育评价进入泰勒时代,以描述专业目标与教育结果的一致程度的目标评估法在很长时间内一度占据主导地位。目标评价法是用明确的专业评估目标来确定应收集哪些维度的信息,选择不同的工具评估该专业在不同维度上的评分表现。该方法关注的是如何描述专业发展可以测量的行为目标,并通过对过程性记录采样专业发展中表现出的成效,相对早期的迎合评估、量表评估,目标模式的专业评估结果更为客观,而且能通过目标的达成测评,透视专业发展的短板,所以盛极一时。

不过,目标模式自身的不足也很明显,主要在于它只关注专业建设预期的目标,并且是在专业实施以后才开始评价的,过多注重专业建设需要达成的普适性目标,从而忽视了非典型性的目标。而局限于可以测量的目标也忽视了其他非显性方面的因素,如专业的社会价值。此外,过于关注专业的短期内变化不明显的建设成效,以及忽视专业发展中校外实践的因素,也是这一评估方法的不足之处。

随着布鲁姆"教育目标分类学"的广泛传播与应用,国外的现代教育评估理论体系逐渐呈现出多元化、精细化的发展趋势。评估者开始更加注重评估内容的层次性、评估方法的科学性以及评估结果的反馈作用,力求通过科学的评估手段促进教育质量的持续提升,开始出现实验和准实验评估法、响应式评估、荟萃分析法等新式评估方法。其中应用比较广的对利益相关者的响应性专业评估,是一个多元的、灵活的、互动的方法。这种评估方法不寻求最终的权威性的专业评估结论,而是根据利益相关者不同的甚至是相互冲突的评估观来解释评价结果。这种方法要求检查专业评估计划的全部面貌,以专业发展的叙述性描述为基础,而不是对各个案例进行细致测量,并通过收集和报告有用的信息,及时回应利益相关者的关切和问题。参见图5.3。

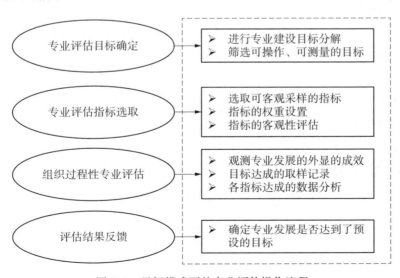

图5.3 目标模式下的专业评估操作流程

这种方法直接反映了长期以来非正式、直观专业评价方法的正规化,它要求评估者和利益相关者之间进行轻松、持续的交流,其评估过程的发散性大于收敛性,对后续的建构主义专业评估观的盛行产生了极大影响。不足之处仍是关于方法本身专业性的争议,很多学者对响应性专业评估所得出的研究结论持保留意见,毕竟整个过程几乎不使用精确度较高的量表,也没有吸引很多专业人士的参与,再加上为了响应一些话语权较大的评估利益相关者的要求而出现结论偏颇也是难以避免的,从而引发评估过程缺乏公正性和公平性的争议。

二、现代专业评估方法

(一)实证主义评估方法

泰勒模式之后,专业评估的理论流派开始朝着实证化、科学化、体系化的范式发展,并根据评估的技术、开展的程序和参与者特征进行评估范式的学术阵地打造,专业评估开启了探索争鸣的发展阶段。"范式"指的是一个共同体成员所共享的信仰、价值、技术等的集合,是从事某一科学的研究者群体所共同遵从的世界观和行为方式,各家流派的专业评估范式本身并无高低、优劣之分,仅是反映了学术观、评估价值观的不同,且这种争论对于学术研究而言具有良好的催化作用[①]。

首先是实证主义范式主导了一段时期的专业评估,一些学者基于逻辑实证主义,认为专业评估的主要内容是专业所产生的效果以及专业达到预期目标的程度,且需要通过一系列实证的技术方法获取相关信息以进行专业发展数据的测量和评判。实证主义的教育学者认为专业评估经历了从理论客观模型到论辩主观方法的范式转变,强调专业评估中对话的重要性,而对话被视为社会研究中"解释转向"所衍生出的一种方法论[②]。费希尔指出当代流行的专业评估的经验主义技术是建筑在"实证主义"的科

---

① [美]弗兰克·费希尔.公共政策评估[M].吴爱明,李平,等,译.北京:中国人民大学出版社,2003.

② [美]欧内斯特·R.豪斯,肯尼斯·R.豪.评估价值论[M].桂庆平,译.北京:教育科学出版社,2015:108—118.

学方法基础之上,崇尚"事实—价值"二分,为了避免"专家暴政",实证主义教育学家提倡事实与价值、经验分析与规范调查融合的实证主义专业评估范式,从而实现对本科专业的全面考察。

在实际操作中,实证主义专业评估者们被要求在评估过程中剔除个人的情感、态度、价值等因素而成为"技术专家",以保证评估结论的客观性。同时,坚持工具理性和技术理性。评估者将给定的专业目标视为不可置疑的前提,主要研究专业建设中可定量测量的变量,以验证专业项目是否达到标准、是否有效。常见方法,如专业经费的成本效益分析、投入产出分析、绩效测验、社会真实实验等一直得到广泛应用[①]。

尽管实证主义专业评估在一定程度上提升了评估的科学性,但也受到诸多批评。例如,"价值中立"的预设忽视了人的价值观、情感、文化等主观因素对经验事实和知识获取的作用,忽视了专业的利益与价值分配功能;过分推崇专业制定者及其所委托的评估专家的权威,拒斥对先前确定的专业目标和问题定义进行反思,利益相关者对专业的感受和评判被边缘化,从而降低了专业的可接受性以及合法性,等等。参见表5.1。

表5.1　实证主义和后实证主义评估辨析

维度	实证主义专业评估	后实证主义专业评估
哲学基础	通过对现象的归纳就可以得到科学的定律	经验事实具有主观性,客观实在只能部分地认识
事实与价值的关系	事实与价值二分,强调技术与工具理性	事实与价值统一,强调沟通理性
评估方法	以定量为主,强调科学化的方法	突出解释性与批判性的方法
利益相关者的参与性	参与性较弱	参与性强,并关注其利益、价值等
评估者的角色	主导者、测量者、描述者、裁判者	组织者、协调者、支持者

（二）后实证主义评估方法

很多学者认为传统的实证主义专业评估的经验事实具有主观性,忽略了价值、文化、情境等要素,专业建设的客观实际只能部分地被认识,因此测量和辩论不是唯一科

---

① 李亚,宋宇.后实证主义政策评估主要模式评析[J].天津社会科学,2017(01):81—85.

学的方法。于是,后实证主义专业评估应运而生,学者们从不同角度对相关评估模式进行区分,以澄清各模式间的概念和内涵差异,从而构建起一个更加包容、有序的模式框架图,以便于人们的理解和应用。

这种区分常见于后实证主义专业评估模式中,其标准主要有两种:一种是从民主理论出发,将民主与评估相对应,并区分为精英导向的评估、对话导向的评估和协商导向的评估;另一种是从利益相关者参与的范围和深度、评估者与利益相关者对评估的控制权等维度出发,提出了建构主义评估、参与式评估、赋权式评估、协商民主评估以及专业审议式评估。

其中,协商民主式评估(deliberative democratic evaluation)也是颇具代表性的后实证主义专业评估模式之一,通常被译作"民主审议式评估"或"协商式评估(deliberative evaluation)",被视为 21 世纪最具潜力的评估模式之一。该模式由豪斯(House)和豪(Howe)于 20 世纪 90 年代末正式提出,其观点受到了协商民主理论及民主式评估与响应式评估的影响。其具体操作上经常采用目标辅助决策法,就是将利益相关者对专业的基本看法转化为评估标准,然后进行赋权和排序,最终确定利益相关者所关注的议题,并预测他们可能会达成的共识。如弗洛克莱(Floc' Hlay)和普洛图(Plottu)借助MDAM 方法将利益相关者的价值和立场转化为可测量的选择性偏好,以使民主式评估具备可操作性。

协商式专业评估最大的优势在于将对话与协商相结合,为了达到这一目的,相关学者纷纷将解释学、叙事分析方法应用其中。如费尔·斯特罗姆(Fell Strom)提出了协商响应式的评估方法——首先采访利益相关者来生成包含专业发展当前问题或故事的叙事性报告,从而确定在评估中应该被关注的标准,然后将报告提供给参与者和教育管理部门,由他们选择和决定评估中需要注意的内容,随后在不断与所有参与者和当地机构的沟通过程中来回答相关问题,并最终形成相关建议。[①] 参见表 5.2。

表 5.2　协商式专业评估中的五种主要人员

评估人员	主　要　职　责
委托人	委托评估任务,使用评估结果并提供评估费用

---

① Fjellström M. A Learner-Focused Evaluation Strategy: Developing Medical Education Through a Deliberative Dialogue with Stakeholders[J]. Evaluation, 2008, 14(01): 91-106.

评估人员	主 要 职 责
评估者	组建评估团队,设计、组织和协调评估过程
技术分析师	利用专业知识协助利益相关者代表收集、分析和检验评估信息
领域专家	提供相关背景知识,辅助利益相关者代表从宏观层面考察政策作用
利益相关者参加人	代表相关利益群体表达对政策的诉求、感受、评价,并对分歧进行反思、对话、协商

　　该方法吸收了民主式与响应式评估的方法和原则,提出以"包容"平衡各方的权利和利益,以"对话"发现真正的利益与价值,以"协商"推动审慎地思考并达成共识。因此,协商民主式评估具有推动公共协商、促成专业评估结论达成共识的优势。而不足之处在于,一方面,评估的参与设计缺乏相关的团队和技术支持,很可能使参与变成"走过场",无法确保参与的真实有效性,同时参与的过程也常意味着权力的分散,这对习惯于传统评估的研究者而言会是一个挑战。另一方面,评估中的观点处理等仍倾向于量化技术与方法,削弱了利益相关者间的对话与协商;而质性方法在信息的获取、处理等方面需耗费大量的时间和精力,且采访、建构、文本解释等过程通常需由评估者实施和主导,这也使得利益相关者可能会隐瞒其真实的意图与想法,从而降低评估的真实性。参见图5.4。

　　随着教育评价进入"第四代",越来越多的学者认为教育评价本质上是参与评价活动的所有利益相关者共同的心理建构过程。这一时期,较之前的建构评价更注重评估过程的集体建构,此时专业教育已不再完全是高校独立自治的范畴,而是日益成为政府和高校的共同责任。这种评估主体的变化也带来了评估方法和方式的变化,出现了以利益相关者为中心的、内外部评估相结合的,更为成熟的建构主义评价技术。古贝(Guba)和林肯(Lincoln)明确反对以实证主义范式为基础的专业评估,并提出了建构主义范式,主张运用解释学的辩证循环方法来组织利益相关者进行评估[①]。参见表5.3。

---

① ［美］埃贡·G·古贝,伊冯娜·S·林肯.第四代评估[M].秦霖,蒋燕玲,等,译.北京:中国人民大学出版社,2008.

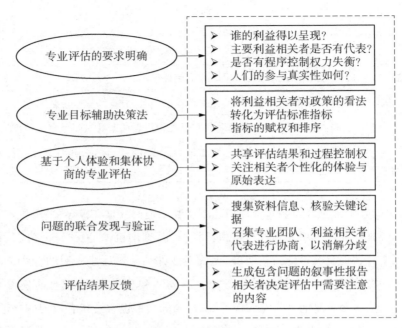

图 5.4　协商式专业评估操作流程

表 5.3　后实证主义常见评估范式

	参与式评估	建构主义评估	赋权式评估	专业评议评估
产生时间	1960 年	1980 年末	1990 年初	1990 年初
理论基础	公民参与理论,组织学习理论	建构主义理论	自我决定理论,社区心理学,行动人类学	综合理性,实践话语的非形式逻辑
评估理念	通过参与提高评估效用以及民主合法性	鼓励利益相关者表达和建构	通过赋权使利益相关者学会自我评估	通过实证与规范相融合的多元方法评估
评估程序	评估程序依照具体评估情形而定	具体可分为识别利益相关者、组织建构、进行协商等12 个环节	① 评估状况 ② 设定目标 ③ 建立策略 ④ 记录议圈 ⑤ 自我评估	① 项目验证 ② 情景确认 ③ 社会论证 ④ 社会选择
评估者职责	支持和训练利益相关者,平衡视点表达	协助利益相关者进行建构并解释建构	辅助利益相关者学会进行自我评估	实证分析与组织论辩的双重职责

	参与式评估	建构主义评估	赋权式评估	专业评议评估
利益相关者职责	全方位地参与评估	提出主张、关切和议题，修正和反思建构	在评估者的辅助下，设计评估方案并评估	参与情景确认、社会论证和社会选择
代表性研究者	卡辛斯 J. B.（Cousins J. B.）厄尔 L. M.（Earl L. M.）怀特莫尔 E.（Whitmore. E.）普洛图 B.（Plottu. B.）普洛图 E.（Plottu. E.）	古贝 E.（Guba E.）林肯 Y. S.（Lincoln. Y. S.）施万特 T. A.（Schwandt. T. A.）	费特曼 D. M.（Fetterman, D. M.）万德斯曼 A.（Wandersman. A.）	费希尔 F.（Fischer, F.）霍庇 R.（Hoppe. R.）

　　这种评估方法没有非常绝对的标准，因为评估者不追求最终的权威结论，而是根据利益相关者不同的、甚至相冲突的价值观来解释评估结果。这种方法的特征是评价应坚持价值多元性的信念，反对管理主义倾向，要求利益相关者参与并投入计划的全部，并重视收集和报告多种不同的评估观点。该方法的优势在于专业评估结果的利益兼容以及对专业建设诉求的响应，毕竟评估者必须与不同的利益相关者，例如，教师、专业管理者、专业课程开发者、专业建设资助者等进行深入合作。

　　评估的全过程显著地强调了置身自然、真实的评估场域中，运用质性研究方法，鼓励各方人士通过多元化对话形式，共同构建共识，这一过程超越了传统管理者主导的评价模式，因此被誉为"顺应民意的评估"。实际上，建构主义的专业评估方法，是对过往几代评价体系中所突出的"价值多元性不被关注""行政管理介入过深"以及"过度依赖科学实证主义方法"等局限性的学术反思与理论超越，它重新定义了评价的本质，视其为一种心理建构过程，其起点根植于利益相关者的诉求、关切与实际问题，而终点则是通过参与评价的各方基于对评价对象经由协商达成的共同、一致的观点。其评估过程注重"协商"、强调"回应""共同建构"和"建构主义探究方法"，还设计了一套包含十二个相互关联的流程。这些流程不仅有助于系统、全面地开展评估工作，更是对学校评价理论与实践的探索和贡献，毕竟采用这种方法的评估者力求让所有可能因评估而受到损害或得到帮助的利益相关者直接参与评估，把他们当作重要的、有权力的合作伙伴，这样他们就更有可能重视和利用评估。

而其不足之处在于很多学者对评估人员能否为专业建设改进做出价值表示怀疑，因为评估过程对主观评价的容忍度过高，强调评估结果并不是对"专业是什么""专业如何发展"的状态进行描述，而是利益相关者基于自身的理解并通过互动所创造的一种结果[①]，从而容易陷入相对主义和主观唯心主义认识论的误区。

由于建构主义认为"建构生成了'事实'，它们不能离开创造和支持它们的人而存在，它们不是那些能独立于创造者而存在的'客观'世界的组成部分"[②]，因此这一范式被认为具有激进色彩。此外，专业评估范式具体手段的差异，一直有"定量与定性之争"。如约翰逊（Johnson）和奥屋格普兹（Onwuegbuzie）比较了定量与定性研究方法的优缺点，并指出定性方法的追求者（又称为建构主义者或解释主义者）拒绝实证主义，他们认为建构主义或解释学甚至后现代主义更具有优势[③]。达塔（Datta）指出，尽管定量与定性研究方法各有侧重和不足，但实际上二者在评估中常常被结合起来使用，且评估也越来越倾向于混合方法的使用。参见图 5.5。

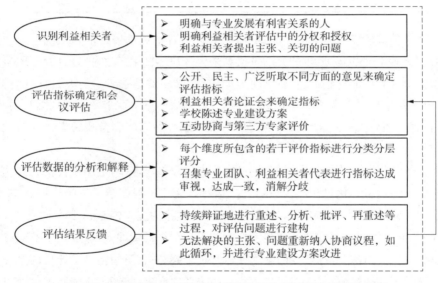

图 5.5　第四代建构主义理论下利益相关者评估法的操作流程

① 何峰，姜国华. 以学科国际评估推进一流大学建设的实践和思考——基于北京大学国际同行评议的考察和分析[J]. 学位与研究生教育，2015(11)：6—10.
② Lehtonen M. Deliberative Democracy, Participation, and OECD Peer Reviews of Environmental Policies [J]. American Journal of Evaluation, 2006, 27(02): 185 - 200.
③ Johnson R B, Onwuegbuzie A J. Mixed Methods Research: A Research Paradigm Whose Time Has Come [J]. Educational Researcher, 2004, 33(07): 14 - 26.

经过几十年的发展,后实证主义专业评估已经形成一个流派,既是对实证主义专业评估的重要补充,也为专业评估的多元利益和价值的理解与调和提供了可能。但是后实证主义的评估模式普遍存在三个方面的不足。

第一,后实证主义专业评估者都曾不遗余力地探索各种评估模式,充分体现出该领域发展的多样性和活力,但同时也导致概念混杂、模式核心特征不明晰等问题。如学者们常将"参与式"和"民主式""协商式"互换使用。

其次,评估者与利益相关者的角色难转变。一方面,评估者的角色与职责短期内难以改变,评估控制权的分享不易落实[①];另一方面,利益相关者是否有足够的能力使用好被赋予的权力,是否乐于花费时间与精力持续参与评估和贡献经验知识,这些都还有待更多的经验性研究以及实践的检验。

最后就是操作上更为复杂。尽管后实证主义专业评估发展出多种评估模式,但在可操作性上还不能满足实践的要求。不少评估模式的思辨性较强,更多地需要依赖评估组织者的"技艺",而不是清晰的、易于传播和复制的操作程序。这给后实证主义专业评估的实践和推广带来了困难。例如,利益相关者之间的对话和协商过程如何组织,学者们推崇的解释学、叙事分析等方法如何工具化,并很好地嵌入评估过程中,还有待进一步地研究。

国内学者则以归纳总结西方学界的范式研究内容为主,如武新、魏榕认为西方社会专业评估的实证主义范式在 20 世纪 70 年代遭到来自后实证主义、解释主义和批判主义的批判,并出现了科学研究范式、实证辩论逻辑范式、直接的社会变化范式以及社会公正理论范式等四种比较有影响的范式。李德国、蔡晶晶认为西方专业评估范式经历了从实证本位到规范本位的演进,并日益突出逻辑论证和解释学的特点,承认社会价值的多元化。

三、新兴专业评估方法

(一) 模糊综合评估方法

跨入新世纪之后,随着本科与研究生教育专业开设规模及学生数量的迅速增多,

---

① Plottu B, Plottu E. Participatory Evaluation: The Virtuesfor Public Governance, the Constraints on Implementation [J]. Group Decision and Negotiation, 2011(06):805-824.

社会各界也开始集中关注高等教育专业建设质量问题,进而对现存的各类大学、学科排名保持审视的视角。在此背景下,政府部门愈发重视普适性的专业建设社会评价体系建设,公众殷切期望有更具有官方公信力的专业评估信息发布渠道。

大数据时代的到来也让专业评价工作面临前所未有的挑战,评价体系的复杂性和专业性激增,涉及评估的利益相关者构成多元,使得仅凭单个学者或学校的能力难以做出全面、科学、客观的专业成效判断。为此,一些学者创新性地将模糊数学模式引入高等教育专业评估领域,旨在利用模糊数学理论处理复杂的综合评判问题。

这一评估技术首先确立评估因素与评语集合,然后构建数学模型,通过数据处理将评估过程转化为模糊矩阵运算,从而有效回应评估中的模糊性与不确定性。在具体实施上,它依据既定的专业评估指标体系,采用模糊二值评估法和模糊多值评估法,进行初步的专业评估研究。

模糊综合评判理论在专业评估中的应用,成功实现了评估原始数据从模糊性向客观规整性的转化,将原本定性的评估指标转化为具有综合性的定量分析结果,为传统定性专业评估构建了一个可量化操作数据的空间。这一转变不仅提升了评估结果的可信度与可比性,还使得评估结论更加科学、合理,为决策者提供了更加有价值的参考依据。因此,模糊综合评判理论在高等教育专业评估中的应用,无疑是对传统评估方法的一次重要补充与提升。

(二)结果性评估方法

罗伯特·布林克霍夫曾提出成功案例法,该方法最早应用于企业培训效果评估。他认为专业评估所要面对的一个事实:任何评估项目,短期内都很难较大地影响一个专业建设的程序,且无法对专业建设的结果负责。所以这一方法只关注对那些享有盛誉、有较大社会影响的院校进行的专业聚焦评估,而采用成功案例法的评估报告通常以"成功故事"的形式呈现,其优势在于作为一种形成性评估方法,它能够比较最成功和最不成功的专业案例,并做因子切分,剖析差异,找到成功专业建设的可取之处。但是成功案例法本质上是对极端或离群专业的分析,而不是对专业建设平均水平的评估,所以它也很难得出普适性的模型。

进入 21 世纪以来,绩效导向的结果性评估法逐渐占据主流,其特点在于上级主管部门运用明确的定量指标体系实施评估,随后公开披露评估信息于官方渠道,以增强透明度。作为这一趋势下的省级实践,专业评估尤为注重评估结果的公示,主动接受社会监督与问责机制。以浙江省为例,其推出的一流学科建设绩效评估体系,遵循分步实施、分类细化、聚焦核心成果、彰显专业价值贡献的原则,通过年度建设成效评估、中期检查及最终验收三大环节,构建了系统化的年度专业建设报告制度。这一机制不仅促进了高校内部对专业建设成效的纵向自我审视,还有效夯实了专业发展的质量基石。

(三) 其他评估方法

除以上几种评估方法之外,人文评估方法亦有一定的影响力,其中斯塔克等人提出的应答评估模式尤为引人注目。该模式倡导评估过程中超越单一评估者视角,全面考量所有参与者的需求与体验,强调个体经验、实践活动及主观认知的价值。它不拘泥于客观性的极致追求,也不盲目依赖量化标准,而是从人本角度出发,积极融入人文社会科学的研究方法,为评估过程注入了更多人文关怀,从而稀释了一些非量化指标评估饱受争议的问题。

还有美国的优先级专业评估模型,旨在服务资源重新分配,而不是质量提升或专业改进[1],评估结果可用于提高资源管理效率,为政府和高校的战略规划、资源分配决策提供依据。在开展评估时,该模型要求同时评估所有专业,而不是每次选取若干专业进行评估,并允许跨专业比较。

此外,借鉴了政策评估模型的专业实验评估方法也方兴未艾。该评估方法主要是基于专业建设的几大要素制定评分体系,实践中大致可以分为:目标(绩效、成果)指标、过程(状态)指标、资源(条件、设备)指标,通过深入分析学校专业的实际状况,并将其与既定的评估等级标准进行详细比对,从而更加明确各个组成部分所具备的等级水平。众多高校已转向利用网络平台进行专业建设的信息收集、归纳、整合、量化处理与数据分析,形成了以数据驱动的定量分析为核心,辅以专家深度参与的定性判断为补充的评价模式,但是专业评估方案设计是融理论与实践为一体的技术性很强的工作,世界各国都在实践中不断摸索和完善,评估指标体系尚未完全成熟,且要兼顾高校类

---

① 饶燕婷.美国高等教育专业评估的兴起与应用[J].高教发展与评估,2024,40(01):84—95,123.

型、地区差异设计出各类型不同的专业评估指标体系,尤其是权重系统的设计难度相当大。

　　总的来说,国内学者在专业评估方法上虽以总结和借鉴为主,但部分学者也尝试建立关于中国化的专业价值评估模型,如陈云萍以理性的系统评估逻辑为分析起点,引入利益相关者多元价值需求分析,构建了大学工科专业评估综合价值取向的方法;刘祺等提出了专业价值实际评测的技术路线。目前国内应用较多的,还有第三方过程性专业评估法,尤其在本科阶段,臧顿红利用米切尔评分法[1],分析了高等教育第三方评估的效力和效度,从而确立了最合适的评估活动的评估主体,最终提出了主动优化高等教育第三方评估的策略;汪功明构建了第三方参与高职院校评估指标体系,包括6个一级指标:人才培养方案、课程设置体系、实习实训条件、教学方式改革、师资培养、社会服务。[2]

　　教育评估理论的本质是价值判断,不管是早期的迎合、响应性评价,还是后来的协同、建构主义评价模式,都是在探索评价如何正向反映专业建设的成效和价值,为专业建设的变革提供管理参考。在全球范围内,本科专业评估被各国教育界视为强化宏观管理、提升高等教育质量的关键举措,并普遍成为各国保障教育质量的工具,展现了其蓬勃的发展势头。众多发达国家纷纷设立独立的、专业的评估机构,与高校的专业教育发展紧密交织,形成了密切的合作关系。在这一领域内,不同评估模式竞相涌现,评估方法日新月异,可以说专业评估正以前所未有的速度发展,不断推动着高等教育质量的整体提升。

---

① 臧顿红. 我国高等教育第三方评估的有效性研究[D]. 青岛:青岛大学,2017.
② 汪功明,杜兰萍,姚道如. 高职院校专业人才培养质量第三方评价研究[J]. 巢湖学院学报,2013,15(05):160—164.

【核心内容】

  本章说明和分析了专业评估的各种技术及其操作流程。在阐述专业评估技术的概念基础上,着重分析了专业评估指标的权重赋值方法、专业评估数据的收集方法、专业评估数据的处理技术等。在权重赋值方法方面,介绍和分析了德尔菲法、简单平均法、AHP 层次分析法、熵值法及模糊综合评价法等。在数据收集方法方面,介绍了结构化数据的收集方法、非结构化数据收集方法等。在数据处理技术方面,介绍了结构化数据处理技术、非结构化数据技术等。

第六章　高校本科专业评估技术

引　言

　　20世纪80年代末,林肯和古贝开创性地总结了建构主义范式的评估理论,这一理论彻底颠覆了传统评估框架,标志着评估领域的又一次重大范式转变。前三代评估理论,尽管各有侧重,但均根植于实证主义范式,它们基本认为评估要集中捕捉评估对象的真实面貌,因此强调评估者需秉持客观中立,以揭示事物本质。然而,随着评估理论演进至第四代,即建构主义范式兴起后,这一观念受到了根本性的挑战。该范式摒弃了单一客观现实的预设,转而拥抱价值的多元性,认为评估不仅仅要有对已有教育事实的观测与评判,更要搭建一个多元利益相关者踊跃参与、平等协商的平台,以保证共同构建认知。这一过程依赖于"解释学方法论"的引导,即要求揭示并呈现不同群体的主观建构,鼓励相互间的批判性审视,并提供机会对这些建构进行修正乃至全面更新,以此促进更广泛、更深入的理解与共识。

　　我国最早开展"第四代评价"研究的是王端庆(1992),他在1985年国家组织高校评估试点研究的背景下,对于专业评估的理论、目标、系统、指标体系问题展开论述,针对教育科学的评估要辩证地、整体地进行,主张根据学校类型进行分类评估,重视评估的正向、负向作用、讲究评估实效的建设性观点[①]。至今,本科教学评估已有30余年历史。

　　自1985年起,原国家教委率先在部分省市展开了高校办学水平、专业设置及课程质量的评估试点工作,这一举措为后续评估体系的建立奠定了政策基础。至1994年,评估工作正式步入有计划、有组织的轨道,开始全面对普通高等学校的本科教学工作水平进行评估。当前,我国高等教育正处于由规模扩张向质量提升转变的关键时期,标志着高等教育事业已迈入以质量为核心,推动内涵式发展的新阶段。为顺应这一历

---

① 王端庆.教育评估的评估初探[J].中国高教研究,1992(04):55—58.

史趋势,教育部于 2018 年发布了《普通高等学校本科专业类教学质量国家标准》,旨在设定教学质量基准;紧接着,2019 年又推出了《关于实施一流本科专业建设"双万计划"的通知》,进一步明确了专业作为高等教育内涵式发展关键抓手的战略地位。在此背景下,构建更加有公信力、科学高效、信效度兼备的评估模式显得尤为重要,它不仅是引导高校实现专业卓越化、特色化发展的必要手段,也是推动国家高等教育整体质量提升、迈向世界一流的关键驱动力。

大数据时代以来,专业评估的理论纵深也得到极大的拓展,各种创新的评估模型层出不穷,比如西南科技大学采取的线上评估与入校评估"一体化"设计、上海财经大学搭建的智能化评价分析平台,等等。以实证主义哲学为基础,崇尚"事实—价值"二分,并将系统科学、数理统计、运筹学以及经济学等领域的方法广泛应用于专业评估实践中,力求实现评估的科学性和公信力,真实映射专业建设的办学情况。目前学术界使用最广泛的仍是基于实证主义理论的利益相关者全面参与的建构主义专业定量评估模型,因为第四代评估对以往的评估理论发展有所突破,被认为是完成了评估的"范式革命"。因此,本章分析了第四代评估理论指导下的专业评估实操案例,针对专业评估的数据收集、权重赋值、数据处理与评估、量化结论等环节做了详细梳理和操作指引,以更好地掌握专业评估技术的操作细节及流程。

一、专业评估技术的概念

一些学者基于逻辑实证主义,认为专业评估技术的主要内容是对专业发展所产生的效果以及专业达到预期目标的程度,通过一系列实证的技术和方法获取相关信息以进行测量和评判,并对评估对象给予价值判断的一种量化技术。比如沃尔曼(Wollmann)将评估视为一种分析工具,任务是获取信息并回馈给专业建设。[①] 国内研究更多是从评估过程的角度作出定义,认为专业评估技术是针对专业建设发展的质量,以专业的学术标准,搭建综合性的指标体系并在专业建设的评价场域中加以应用的过程。

---

① [美]Daniel L. Stufflebeam, George F. Madaus, Thomas Kellaghan. 评估模型[M]. 苏锦丽,等,译. 北京:北京大学出版社,2007.

本研究中,专业评估技术定义为围绕专业建设的核心指标,通过专业评估体系进行量化测量,并利用模型处理评估数据的可操作的评估方法。因此,技术的本质是可操作的评估模型,其中涉及指标选取、权重赋值、数据采集与处理等核心环节。

二、专业评估指标的权重赋值方法

专业评估科学性的前提是设计拥有较高信效度的评估指标体系,指标体系的设计必须既能反映学校专业建设的客观规律,又要折射专业建设外显的影响力,是高校专业办学水平评估的组成部分,带有强制性和指令性,而选择合理的权重计算方式是构建科学的评估指标体系的保障。

大多数研究者认为专业评估指标体系至少包括:专业的人才培养目标、课程设置计划和师资队伍数量结构三个基本指标,并在此基础上派生出的教学管理、培养过程、教学条件、专业特色等指标。李诗婷的学位论文中根据教育评估的目标分解理论、高等专业教育人才培养的过程理论、大学生发展的理论,将专业评估的总目标分解为八个一级指标:"专业培养目标与规划""专业的规模与资源""专业课程与教学""师生关系""学生管理工作""专业文化与氛围""质量监控""学生发展效果"[①]。但是专业评估的实践当中,权重赋值的精准度问题没有得到学界的充分重视。在目前的专业评价中,过分强调评价方法和指标体系的顶层设计,而对专业评价中权重赋值的关注不太多,更多的是模糊选值。

当前教育学、社会学研究中,关于评估指标权重的设计,比较常用的有德尔菲法、AHP层次分析法、熵值法等等,对于争议指标的定权还有模糊评价法,所以本研究通过梳理常见的权重赋值法的操作流程,为专业评估权重精细化定值提供可操作的参考。参见图 6.1。

(一) 专家定标:德尔菲法

当前评估界权重赋值的方法,比较常见的有德尔菲法(Delphi 法),也叫专家评判

---

① 李诗婷. 基于大学生发展的校内本科专业评估指标体系研究[D]. 广州:广州大学,2018.

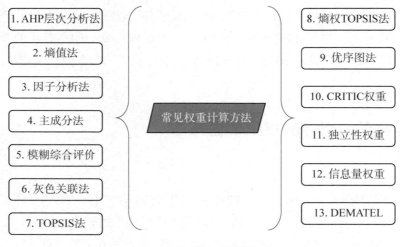

图 6.1　常见权重计算方法

法,就是选择若干位专家组成评判小组,各专家对评价指标独立给出一套权重,形成一个评判矩阵,然后对各专家给出的权重进行综合处理得出综合权重的方法,其大致流程是在征得专家的意见之后,对所要预测的问题进行整理、归纳、统计,再匿名反馈给各专家,再次征求意见,再集中,再反馈,直至得到一致的意见。[1]

(二)计算权重:简单平均法

在处理专家评判矩阵时,专家组的背景和构成直接影响了权重分配方法的选择,主要有简单平均法和加权平均法两种策略。简单平均法:此方法基于平等原则,不考虑专家之间的个体或影响力差异。它通过将每位专家对某评价指标所赋予的分值系数进行汇总,并计算这些系数的算术平均值,来直接确定该评价指标的最终权重。这种方法操作简便,适用于专家组成员间权威性相当或无明显差异的情况。适用更为广泛且更科学的是加权平均法,相比之下,加权平均法更为复杂和精细,它充分考虑了不同资质专家之间的影响力差异。在此方法中,首先根据专家的知识偏向、经验积累、资历异同、专业性等因素,为每位专家分配一个特定的权重值,以代表其在评估过程中的相对重要性。随后,将每位专家对评价指标的估计值与其个人权重相乘,得到加权后

---

[1] Koprinska I, Poon J, Clark J, et al. Learning to Classify E-mail [J]. Informationences, 2007,177(10):2167 - 2187.

的估计值。最后,将所有加权后的估计值相加,并除以所有专家权重的总和,以此计算结果作为该评价指标的最终权重。

这种方法能够更准确地反映专家组的整体意见,尤其适用于专家组成员间存在显著差异或专业领域不同的情形。另外,在赋权时,也要尊重少数专家的不同意见,在主观赋权时,一定要注意记录少数专家的异常观点,讨论该观点的背景、条件、应用范围、注意事项等,即使在评价中难以采纳,也是经过充分讨论和反思后决定,不能忽视任何一个专家的异常意见[①]。比如上海市教育评估院课题组采用德尔菲法(Delphi Method)建立了上海高校本科专业达标评估指标体系,该指标体系包括培养目标与培养方案、教师队伍、基本教学条件及利用、专业教学、教学管理和教学效果 6 个一级指标,以及 20 个二级指标和 46 个观测点。

(三) 多目标择优设权:AHP 层次分析法

层次分析法(Analytic Hierarchy Process,AHP)是一种高度集成的决策支持工具,它巧妙地将定性分析与定量分析相融合,专门用于处理复杂且多目标的决策问题。其基本原理在于构建一个层次化的结构模型,该模型将复杂的决策因素分解为若干层次,包括目标层、准则层及方案层等,从而清晰展现各因素之间的逻辑关系。在 AHP 方法中,决策者依据自身经验和专业知识,对同一层次内的元素进行比较,评估它们对于上一层元素的相对重要性,并通过定量化的标度系统将这些主观判断转化为数值形式的判断矩阵。随后,利用数学方法(如特征根法、最小二乘法等)计算判断矩阵,得出各元素的权重值,这些权重值直接反映了各因素在决策过程中的相对重要程度。具体来说,使用 AHP 层次分析法计算权重主要是解决评价类的指标体系设计,如选择哪种评价指标最好,不同指标分配多少权重合适等。

应用 AHP 进行专业评估的基本操作流程参见图 6.2。设计专业评估系统,需要考虑生源情况、培养模式、教学资源、教学成果和培养效果等五个准则,综合评估系统通过层次分析法得出最优结果。其中权重的设置采用相对重要性判断来测量,并采用模糊互补判断矩阵来纠偏权重,比较复杂,先由评审专家或教授构建专业评估指标体

---

① 俞立平,曾华俊.学术评价权重赋值质量诊断研究[J].情报理论与实践,2024,47(04):84—89,104.

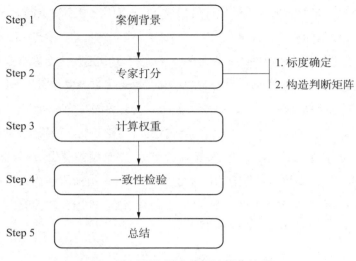

图 6.2　AHP 层次分析法操作流程

系,然后构建配对比较矩阵:从中间层开始,采用配对比较的方法,对上一层的影响专业发展的各个因素利用适当的标度进行比较。

　　基于 AHP 层次分析法构建大学专业评估指标体系,需要将专业建设的总问题具体分解成若干因素和不同层次,将这些因素按相互关联关系分组,形成多层次有序递阶结构模型,一般划分为目标层(A)、准则层(B)和方案层(C)等基本层次,如 A. 目标层:大学专业综合评估;B. 准则层(一级指标):教育资源、师资力量.科研水平、学生发展、社会声誉;C. 指标层(二级指标):具体细化到可量化的子项,参见表 6.1。然后,根据对客观事实的判断,通过既定方法进行定量分析,确定每个层次各要素的相对重要性,以定量形式形成判断矩阵,计算得出每个层次矩阵中各要素的相对重要性的权重,并据此进行综合排序,以确立递阶层次中各要素的重要性顺序,从而在不同方案中进行最优选择。一般来说,重点关注教育资源、师资力量、科研水平、学生发展和社会影响等维度。

表 6.1　AHP 法选取专业评估指标体系

准则层(一级指标)	指标层(二级指标)	说明
教育资源	课程设置合理性	课程体系是否符合行业需求
	实验室/设备投入	生均实验设备价值
	实习基地数量	校企合作实习基地数量

准则层（一级指标）	指标层（二级指标）	说明
师资力量	教授/副教授占比	高级职称教师比例
	博士学位教师占比	教师学历结构
	国际学术背景教师占比	海外学习/工作经历教师比例
科研水平	年均科研经费	专业年均科研经费（万元）
	高水平论文数量	SCI/EI/CSSCI收录论文数
	省部级以上科研项目	国家级、省级项目数量
学生发展	就业率	毕业生一年内就业率
	学科竞赛获奖数	省级以上竞赛奖项
	深造率	国内外升学比例
社会声誉	用人单位满意度	企业调查评分
	校友影响力	

比如王佳玉在《高职院校专业评估指标体系构建研究》中利用 AHP 层次分析法[1]，计算得出各指标权重，其中一级指标的重要程度依次为：实践教学保障条件（20.41%）、师资队伍（19.87%）、专业建设成效（18.77%）、课程建设（14.81%）、专业设置（13.18%）和学生（12.96%）；并对专家判断矩阵进行了一致性检验，得出一致性比例为 0.02，小于一致性的限制 0.1，通过一致性检验。用类似的方法，计算得出 6 个一级指标下各二级指标的权重，均通过了一致性检验。将权重结果进行百分制转化，制作第三方参与高职院校专业评估分值表，形成最终的评估指标体系。

层次分析法（AHP）作为一种评价工具，其显著特点在于具有较强的主观性，尤其是在权重向量的分配过程中。鉴于这一特性，在建模竞赛及实际应用中，AHP 常被与其他基于客观数据的权重分配方法相结合，以生成一个更加全面和平衡的综合权重向量。这种综合方法能够在一定程度上弥补单一使用 AHP 时可能存在的局限，更有效地整合评价小组内专家对于专业评估指标权重的主观见解，从而提升最终评价结果的客观性和可接受性。此外，AHP 的输出结果简洁明了，便于决策者迅速理解和应用。

---

① 王佳玉. 第三方参与高职院校专业评估指标体系构建研究[D]. 成都：四川师范大学，2020.

当然,任何方法都有长短板,利用层次分析法确定权重时的缺陷也非常明显。最饱受争议的就是该方法比较、判断及计算流程相对简化,可能不适用于对精确度要求极高的场景。从构建层次结构到形成判断矩阵,再到最终权重的计算,每一步受专家主观判断的影响极大,这可能导致结果难以获得所有利益相关者的普遍认可。同时,因为很多评估问题本身较为抽象,维度复杂,这时候使用固定的数值标度(如1至1/9)来精确量化是十分有难度的操作[①]。因此,和德尔菲法一样,利用层次分析法给指标权重赋值时,评判专家的选择很重要,已有的研究一般都是选择资深授课老师或教育机构的研究人员作为评判专家。

(四) 指标离散定权:熵值法

熵值法(或称为熵权法),是另一种广泛应用的定量权重赋值技术,它基于信息论的原理,专门用于衡量各指标在评价体系中实际分布的离散程度。在构建专业评估的评价指标体系时,熵值法发挥了关键作用。

当一个指标的数值分布展现出较大的离散性时,这意味着该指标在不同评价对象间具有更高的变异性,从而能够提供更多有价值的信息,因此应当被赋予相对较大的权重。相反,若某指标的离散程度较小,即其数值分布较为集中,表明该指标在评价中的区分度较低,信息量有限,故应给予较小的权重。通过这样的方式,熵值法能够客观地反映出不同指标在评价体系中的重要性差异,为科学合理地分配权重提供了有力支持[②]。简单来讲,当我们要评估某组对象的排名,且评估指标涉及多个,就需要用熵权法来计算各项指标权重,并加权计算,得到最终评估指标。

(五) 争议指标定权: 模糊综合评价法

在处理专业评估中那些概念外延模糊、难以精确量化甚至存在争议的指标时,模糊综合评价法也是折中的选择。该方法巧妙地融入了模糊数学的概念和理论,通过运

---

① 梁冬莹,周庆梅,王克奇.基于层次分析法的数字资源服务绩效评价体系构建[J].情报科学,2013,31(01):78—81,128.

② 孙刘平,钱吴永.基于主成分分析法的综合评价方法的改进[J].数学的实践与认识,2009,39(18):15—20.

用模糊关系合成原理,实现了对这些模糊性指标的权重进行定量化的处理。这种处理方式不仅能够应对评估过程中的不确定性和复杂性,还使得原本难以把握的模糊指标变得可衡量、可比较,为专业评估提供了更加全面、客观和科学的依据。

当评价标准比较主观,或者有些指标很难用精确的数字来衡量的时候,比如评价服务质量、学生对专业的满意度等就比较适合采用模糊综合评价法。模糊综合评价的数据格式比较特殊,需要注意:1 列放 1 个评价项(比如不满意、比较不满意、满意、非常满意之类的评价项)。如果说各个指标项有着自己的权重,那么就需要单独用一列表示"指标项权重值",如果没有此数据,可默认各个指标的权重完全一致[①]。详见表 6.2。

表 6.2　模糊综合评价

	A	B	C	D	E	F	G	
1	指标项	指标项权重	评价项 1	评价项 2	评价项 3	评价项 4	…	
2	指标项 1	0.1	0.2	0.5	0.3	0	…	
3	指标项 2	0.1	0.1	0.3	0.5	0.1	…	
4	指标项 3	0.15	0	0.1	0.6	0.3	…	
5	指标项 4	0.3	0	0.4	0.5	0.1	…	
6	指标项 5	0.35	0.5	0.3	0.2		…	
7	…	…	…	…	…	…	…	
8								

三、专业评估数据的收集方法

专业评估的数据是使用科学的评估指标体系测评后得出的可量化处理的评估原始数据,如何在评估的前中后进行评估数据的全量、客观收集,一直是专业评估关注的

---

① 杨樟楠、陈占芳、冯欣,等. 基于改进层次分析法的高等院校专业评估的研究. 长春理工大学学报(自然科学版),2021,44(03):41—44.

核心问题。评估作为人们有组织、有计划、有目的、有条件的人为活动,其目标的实现高度依赖于评估数据的准确性与信效度。专业建设评估指标的选取非常广,涵盖了专业配置与招生、培养方案设计、专业教师配置、实践条件保障、质量管理制度实施、教学成果展现、学生就业状况、社会满意度反馈等多个维度,这一特性直接导致了专业评估数据来源的多样性,即结构化和非结构、半结构数据并存。

结构化数据通常指那些以固定格式存储在学校数据库,便于计算机直接读取和处理的信息,如师资结构、课程开设、教学满意度打分等;半结构化数据则介于完全结构化和非结构化之间,如 XML、JSON 等格式的数据,它们具有一定的结构但不如结构化数据那样严格;而非结构化数据则包括教学场域中的音频、视频等难以用统一结构表示的信息,这类数据往往蕴含着更丰富的细节,但同时也给数据的收集、整理和分析带来了更大的挑战。

（一）结构化数据的收集方法

结构化数据往往指专业建设过程性产生的有客观记录的数据,如实验室数量、招生规模、师资队伍等有明确的、预定义的规则口径,且产生过程遵循一致顺序的数据;而非结构化数据指的是教学效果、培养情况、就业、各种教学视频场景等数据结构不规则或者不完整的数据。

采集环节的着眼点是专业评估数据的客观获取,关键要提高所采集数据的质量。衡量数据质量的维度有很多,包括时效性、一致性、准确性、完整性、可靠性、有效性,等等。[①] 高质量评估数据的标准是真实、精确、全面。结合工作实际,教育评估的数据采集环节可从原始性、充分性、精准性等角度切入。

关于定量数据的采集,最常用的技术仍是抽样取数,毕竟数据收集策略的选择要适合特定的利益相关者群体,为收集数据而选择的人群被称为"抽样"。一般来说,在确定利益相关者作为抽样群体后,评估人员就对构成样本的人群有了大致的了解,然后制定标准明确的数据收集策略。

在使用抽样法进行定量数据收集时,如果专业评估做不到真正意义上的普查数

---

① 丁小欧,王宏志,张笑影,等. 数据质量多种性质的关联关系研究[J]. 软件学报,2016,27(07):1626—1644.

据、全数据时,科学合理的样本分布要比大样本容量更值得关注。比如,在进行问卷调查时,调查样本抽取的随机性会受时间、空间、调查方式甚至调查者偏好习惯的影响。有时,单纯为了提高问卷的回收量,使得较易采集区域的数据被大量、重复采集,反而会使抽样结果有所偏颇,削弱其代表性。要注意的是,对利益相关者的评估数据的收集,需要做到的是各参与者在签订协议后必须履行契约精神,站在平等协商的立场参与评估工作,不存在蓄意说谎、欺骗、误导、隐瞒或提供错误的建构,保证数据收集的客观性。

根据古贝和林肯的三种类型确定利益相关者之后,不同利益相关者提出自己的主张、焦虑和争议,评估者用解释学的辩证方法来控制评估,各参与者具备交流的最低资格。不同建构的支持者必须能够提供自己的建构,并有意义地提出对别人建构的批判。初始回应者描述确定议题下的考察或评估的问题,并指定第二位回应者回答,在回答过程中,第二位回应者必须用自己的价值立场去建构,在第一位与第二位的协商中产生第一位回应者的投入与建构的评论。基于此,第三位回应者回应第二位回应者的主张,形成新的建构。这个过程随着新的回应者的加入产生新的"评论",形成了"螺旋"上升的过程。在这个过程中信息的收集包括文件、文献和观察采集到的数据。

(二) 非结构化数据收集方法

非结构化数据是数据结构不规则或不完整,没有预定义的数据模型,不方便用数据库二维逻辑表来表现的数据。包括所有格式的办公文档、文本、图片,HTML、各类报表、图像和音频/视频信息等[①]。很多评估初始都是未采集的毛数据,为了获取对评估有价值的信息,需要从音频、视频、模型、Word 等格式的材料中提取可以描述文档的文字,这些描述性的信息包括评估者的观点、情感、判断、分歧等。凯瑟琳·E. 纽科默(Kathryn E. Newcomer)、哈里·P. 哈特里(Harry P. Hatry)等学者,提出以质性研究的方法收集评估数据,包括:第三方机构收集、评估场域实地收集数据、故事数据收集和各种形式的访谈等方法进行数据收集等。实地收集数据主要是基于美国高校专业评估的场域分布广的实际情况,除了校内会议此类正式评估外,联邦和州政府官员及评估管理人员还会定期访问专业的应用领域、实习实训场地、实验室等,以更好地了解专业的实际运作情况。例如研究人员通常会在专业授课的实施地点收集一些信息,评估人员通过

---

① 马惠芳. 非结构化数据采集和检索技术的研究和应用[D]. 上海:东华大学,2013.

实地观察评估活动开展,系统地收集信息;与参与者进行焦点小组讨论;与官员、工作人员或其他利益相关者进行访谈;从管理系统或案卷审查中检索数据,等等。

1. 定性数据收集:访谈记录收集

访谈类方法适用于定性数据的收集,通过和利益相关者进行专题沟通,了解专业建设、认证、开展的现状及在发展过程中遇到的困难,并以此反观我国现行专业开设政策,从专业管理利益相关者的诉求出发去寻求完善路径,优势是能够更好地兼顾不同利益相关者的价值需求,形式多样,场域不限,评估过程的开展更灵活。常见的有半结构访谈,亦译为"半定式访谈",或者"半标准化访谈",在教育研究中应用非常广泛,指的是按照一个粗线条式的访谈提纲而进行的非正式的访谈。该方法对访谈对象的条件、所要询问的问题等只有一个粗略的基本要求,访谈者可以根据访谈时的实际情况灵活地做出必要的调整①。值得注意的是,质性研究的样本量是以信息饱和为准的,比如说我们访谈 10 个人后,第 11 个人没有提取出新的有用信息,但不能确保第 12 个人就没有新的信息提取出来,因此我们应该在连续 3 人无新的信息提取出来时停止访谈。

焦点小组访谈,或者叫访谈法,也是一种高效的、辅助性的信息收集手段。该方法通过组织小型座谈会,精心挑选出一组在特定领域具有相似背景或专业知识的专家、管理者作为评价人。在一位训练有素的主持人的引导下,以一种灵活、非结构化的对话方式,让这一小组与一群具有代表性的利益相关者进行深入交流,这种自然的交谈氛围有助于挖掘各方对于特定问题的真实看法、感受及经验,从而帮助研究者或决策者获得对相关议题更为全面、深入的理解。如果是通过焦点小组访谈收集数据,需要做好几个方面的评估前准备工作:

(1)确定会议主题;

(2)确定会议主持人和参加人员;

(3)选好座谈会的场所和时间;

(4)准备好座谈会所需的演示和数据记录用具,如录音、录像设备等。

凯瑟琳·E.纽科默(Kathryn E. Newcomer)提出焦点小组访谈的一个关键点是明确参与人的画像标准,分类标注,并控制参加人数,不能仅仅因为某个学者有兴趣参加就让其参加,而应该邀请符合评估开展条件者,例如往期参加过该专业评估的学者、正在专业学习的学生等。访谈类方法的操作程序见图 6.3。

——————————

① 庄亚明,张春莲,常维亚.高校专业评估刍议[J].航海教育研究,1998(02):24—26.

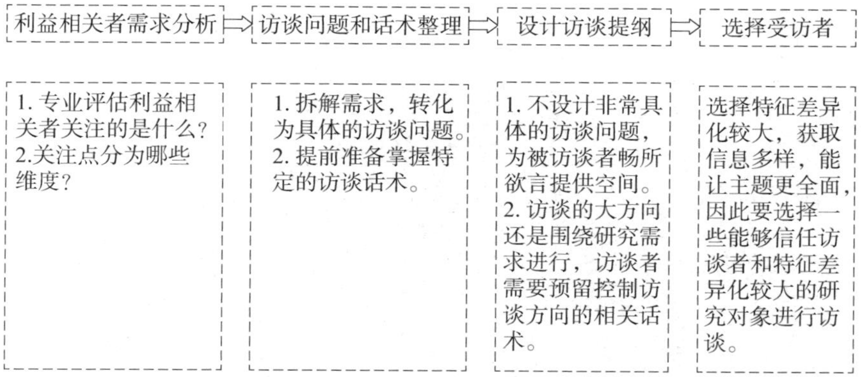

图 6.3　访谈类方法的操作程序

2. 情景数据收集:物联感知技术

2011 年,麦肯锡全球研究所出具了一份里程碑式的研究报告《大数据的下一个前沿:创新、竞争和生产力》,其中前瞻性地宣告了"大数据时代已经降临"以及"数据已成为现代各行业和业务领域的核心渗透力"。作为数据分析领域的尖端技术,大数据以其高速的存取能力、庞大的容量、多样的类型以及卓越的应用价值,为专业评估的数字化转型提供了全新的强大工具和技术支持。

随着近年来,深度学习、情感计算、区块链及穿戴式数据采集技术等前沿技术的蓬勃兴起,教育大数据与教育评估领域迎来了前所未有的发展机遇和挑战,学者们都在研究如何基于大数据技术处理高校专业评估中产生的海量原始数据。代表性的有物联感知类技术,该类技术主要包括物联网感知技术、可穿戴设备技术和校园一卡通技术。其中,物联网感知技术主要用于专业评估中教学、学生状态数据的采集,比如可穿戴设备技术主要用于采集某个专业内学生个体生理数据与学习行为数据[①]。详见图6.4。

当前,在教育领域内,物联网感知技术作为采集基础信息的关键技术手段已开始广泛应用,其原理是主要通过精密的传感器与电子标签技术,在专业教学评估场景中,传感器被巧妙部署以捕捉评估现场的环境细微变化,如光照、温度等环境参数,而电子标签则承担起为各个采集点赋予唯一身份、确保信息准确对应的重要职责。采集完毕后,这些信息数据会迅速通过无线网络传输至网络信息中心,进行集中存储与管理。

---

① 李卢一,郑燕林.物联网在教育中的应用[J].现代教育技术,2010,20(02):8—10.

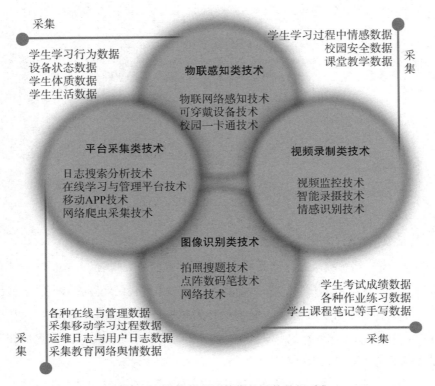

采集

学生学习行为数据
设备状态数据
学生体质数据
学生生活数据

学生学习过程中情感数据
校园安全数据
课堂教学数据

采集

物联感知类技术

物联网络感知技术
可穿戴设备技术
校园一卡通技术

平台采集类技术

日志搜索分析技术
在线学习与管理平台技术
移动APP技术
网络爬虫采集技术

视频录制类技术

视频监控技术
智能录摄技术
情感识别技术

图像识别类技术

拍照搜题技术
点阵数码笔技术
网络技术

各种在线与管理数据
采集移动学习过程数据
运维日志与用户日志数据
采集教育网络舆情数据

采集

学生考试成绩数据
各种作业练习数据
学生课程笔记等手写数据

采集

图 6.4 搭载物联网技术的评估数据采集

随后,依托各类智能算法与技术,这些感知数据将被深度分析、挖掘,以驱动教育环境的智能优化与控制。

在大数据时代,教育活动的每一个瞬间都可能被精准捕捉并即时保存,并转化为评估所需的原始数据。以学生学习在线开放课程为例,可穿戴式信息采集技术如同一位无形的观察者,细致记录着学生在课程中的一举一动,比如他们在特定学习内容上的停留时长、回访次数、理解程度、学习偏好乃至细微的表情变化。这种高度精细化、个性化的数据采集方式,为教育工作者提供了前所未有的洞察学生学习状态的窗口,使得教学指导更加有的放矢,学习建议更加贴心个性。

(三) 数据收集方法总结

总的来说,随着教育实证研究文化的兴起,"以事实为依据、用数据说话"日益深入人心,教育评估领域也越来越注重通过数据来提升评价的科学性和决策的精准性,从元评估的角度看,信息的采集充分与否是影响教育评估的信度和效度的关键因素,而实际专业评估数据的收集方法因数据质性、评估场域、利益相关者群体而异,专业评估要克服简单量化的指标体系、单部门采集数据的问题,深入到专业建设不同的场域,采用定性和定量相结合的系列混合方法。但是我们必须意识到,专业评估是用过往的数据指导当下、预测未来,这既是评估工作的价值所在,也是一个无奈之处。随着人工智能、深度学习等技术的发展和在教育评估领域的应用,相信将大大缩短数据的延迟时长(即数据产生到可以被观测的时间),使我们所采集的数据不断趋近当下的状况,所使用的方法科学性和即时性更好。详见表6.3。

表6.3　常见评估数据收集方法

方法	释义	应用场景
枚举法	逐个考察评估事件的所有可能情况,得出一般结论	将定性数据转化归类到编码框架中,对数据进行统计和词频分析
诠释法	旨在阐释客观事物的现象和过程,以辩护或推出某种观点	侧重于识别评估中的隐性数据
描述性方法	对定性数据进行分类,并将信息归纳成一种形式,然后进行对比	记录和分析实地观察和访谈的焦点小组数据
解释分析法	从数据中产生和检验因果主张	专业报告和统计资料提供解释性信息,然后向评估人员提出问题
大数据采集方法	搭载大数据技术的图像、视频、表情、学情数据的采集技术	难以量化收集数据的教育场景

四、专业评估数据的处理技术

数据处理在教育领域中的应用,是一个深度挖掘、精细描述、精准记录、系统分析及创造性重组的过程。它聚焦于教育事件与事物的本质特征,通过综合运用计算机、通信技术及高密度存储等先进手段,将这些复杂的信息以数据化的形式进行高效、精确地处理。专业评估数据处理和分析,首先要注意从复杂性和精确性的角度来理解评估利益相关者的价值期许,即评估初始假设,是评估人员在众多的技术中进行选择的前提。实际评估当中,绝大多数的程序都是先区分专业评估中需要采集的数据类型,其中定量数据,如 AHP、模糊分析模型所产生的定量数据都可以直接通过模型导出,定性数据可以让评估者获得超越描述性和推论性统计的理解。研究者都比较关注评估当中的一些定性(非数字)材料,例如调查问卷中的开放式回答、访谈数据——以文字记录、笔记、录音带或录像带的形式,以及现有文件中的文字数据,如政策文件和会议记录等,许多评估中还包括视觉类型的定性非结构化数据,如照片和图像等。有的评估只使用定性数据得出结论,有的评估使用定性数据作为定量数据的补充,有的评估在综合混合方法中对定性和定量数据给予同等重视,都是基于评估假设和评估类型进行择优选取。

(一) 结构化数据处理技术

评估指标涉及评估对象的各个方面,对不同的指标有不同的数据采集方式、赋值方式,不同物理含义、不同量纲、不同类型、不同赋值标准的结构化数据无法直接进行数据处理分析。[①] 因此,将指标体系中的各项指标数据进行结构处理前,通常需要对各项指标的属性值进行规范化处理、信效度检验并清理原始数据。

1. 评估数据校对

在运用德尔菲法与 AHP(层次分析法)进行教育评估时,一个关键的步骤是将专家的主观评价转化为可量化的评估数据,并借助数理统计手段进行深度处理。但是专家的评判本质上是一种富含主观性的心理过程,其准确性与可信度直接影响到评估结果的公正性与可靠性。因此,在将数据化处理作为评估流程的一环之前,我们需引入信效度校对的机制,这一步骤旨在通过科学方法验证专家评判数据的真实性与有效性,确保评估数据不仅反映专家的专业见解,还具备基本的客观性。

比如德尔菲法的信度检验主要通过重测信度法、复本信度法等方法来进行。

(1)重测信度法:通过对同一组专家进行重复调查,比较两次专业评估的结果是否一致,这种方法要求两次调查的时间间隔要适中,以避免记忆效应等影响。

(2)复本信度法:通过同一组专家进行两个或多个专业建设中相同问题的评价,比较各个问题的答案是否一致,这种方法需要制作多个复本,并且每个复本的问题顺

---

① 冯晖. 教育评估计算学[M]. 北京:高等教育出版社,2012.

序和表述方式都需要保持一致。

（3）内在一致性信度法：通过对同一组专家进行多个专业建设相关问题的调查，比较这些问题之间的答案是否一致，这种方法需要专家对相关问题的内在联系有深入的理解。

德尔菲法的效度检验主要包括内容效度、结构效度和验证效度等方面。

（1）内容效度：通过邀请其他教育评价领域的专家对德尔菲法所涉及的问题和答案进行评估和修正，以确保调查问卷的内容符合该领域的实际情况和专业知识，内容效度主要在调查问卷的设计阶段进行评估。

（2）结构效度：通过分析德尔菲法的调查结果，对其所涉及的因素和维度进行探索性和验证性因素分析，以检验其结构是否合理和有效。结构效度的评估需要对大量的数据进行统计分析和模型拟合。

（3）验证效度：通过与其他已知效度高的测试或评估方法进行比较，来检验德尔菲法的预测效果是否准确可靠，验证效度的评估需要选择合适的比较方法，并对其结果的差异进行分析和解释。

2. 评估数据清洗

评估数据清洗指的是，在对大量原始数据进行过滤和整理后，去除与评估无关的信息，然后将与评估有关的数据进行格式化整理，就可以得到较为精确的评估数据。也就是所谓从海量不相关的数据中，通过技术手段挖掘出隐藏于其中的各种有价值的信息与信息关联。结构化数据的清理往往更流程化，前提是明确评估的目标，然后在信息处理环节，需要更加重视对能有效反映专业建设情况的客观数据的挖掘，对评估目标反映不敏感的数据，可建立"负面清单"，对负面数据作逆向处理，弱化或剔除与核心导向不一致的数据，并对原先存在相关性的指标，重新组合成互相无关的综合指标。

在优化教育评估方法的实践中，主成分分析法（PCA）作为一种强大的数学工具，也得到了评估专家在处理复杂数据时的重视，特别是在面对高维数据如专业评估指标体系时，其降维能力显得尤为重要。以某地区的专业评估实践为例：

涉及了29所学校，初步设计的评估指标体系非常庞大，包含了81个具体指标，其中23个为投入指标，58个为产出指标。这样的高维数据不仅增加了数据处理的难度，还可能因变量间的冗余信息而影响评估结果的准确性。于是，应用PCA步骤进行优化。

1. 数据预处理

群体评判结果汇总：首先，收集并汇总所有专家对各项指标的评价结果。

规范化处理:由于各项指标的量纲和取值范围可能不同,需要对原始数据进行规范化处理(如标准化处理),以确保各指标在数据分析中具有相同的权重。

2. 相关系数矩阵构建

专注于产出指标,利用 SPSS 等统计软件构建其相关系数矩阵。此步骤旨在揭示指标间的线性相关程度,为后续的主成分提取提供依据。

3. 特征根与特征向量计算

通过 SPSS 进行主成分分析,计算产出指标相关系数矩阵的特征根和对应的特征向量。特征根的大小反映了每个主成分在数据总变异中的贡献度,而特征向量则揭示了各主成分与原始指标之间的关系。

4. 主成分数量确定

根据特征根的大小和累计贡献率(通常选择累计贡献率达到一定阈值,如 80% 或更高)来确定需要保留的主成分数量。在本例中,最终确定产出指标可综合为 21 个主成分指标,这一数量远少于原始指标数,实现了有效的降维。

5. 主成分得分计算

利用计算出的特征向量,结合原始数据,计算每所学校在各主成分上的得分。这些得分综合反映了学校在多个方面的表现,为后续的评估分析提供了重要依据。

常见的有:主成分分析法(Principal Component Analysis)简称 PCA,是一种通过数学变换将一组可能存在相关性的变量转换为一组线性不相关的变量来代替原来的变量的方法,在数学上常用来处理降维。例如,某地区专业评估的实践涉及 29 所学校,初步设计的指标体系包含 81 个指标,23 个投入指标,58 个产出指标。使用 SPSS 软件对指标体系进行主成分分析,对指标进行精简:首先,对指标属性值进行群体评判结果汇总合成、规范化处理;其次,构建产出指标的相关系数矩阵;再次,计算产出指标的相关系数矩阵的特征根与特征向量;随后,确定产出指标可综合为 21 个主成分指标;最后,得到各学校产出主成分指标的得分。

(二) 非结构化数据处理技术

如果是非结构化数据的量化处理,通常涉及将数据分门别类并贴上标签,这些类别有时被称为代码、节点或标签。编码过程可以通过多种方式进行,包括先验分配代码并应用于数据的结构化过程,以及直接从数据中识别代码的新兴编码框架。自然语言处理是非结构化数据处理的重要技术之一,主要研究如何让机器对自然语言信息进行处理,包括信息成分的发现、提取、存储、加工、传输等,旨在将人们对语言结构规律的认识用精确的、形式化的、可计算的方式加以表示[①],纽科默(Newcomer)在《实用计划评估手册》中提出定性数据分析通常涉及将数据分门别类并贴上标签或类别,这些类别有时被称为代码、节点,代码是用于描述数据片段的描述性单词或短语的数据片段。例如,一段访谈文字可以包含多个代码:评估者的角色、时间长短、提出的问题维度等,一个类别是通过对一组代码的审查而形成的,例如,与评估者对计划的看法有关的编码片段可以集中在一起进行研究。作者提出可以借鉴算法程序中的枚举法进行数据的定性转定量,枚举法指的是在进行归纳推理时,逐个考察了某类事件的所有可能情况,进而得出可靠的一般结论[②]。

1. 文本聚类分析法

文字数据往往采用文本聚类分析法这类文本挖掘技术,步骤包括:去除标点符号、停用词和数字等无关信息,进行词干化和词形还原等文本归一化操作,进行词频统计和 TF-IDF 权重计算等特征提取操作。

(1)编号系统

在具体整理资料之前,先为每一份专业评估的专家访谈资料编号,然后在这个基础上建立一个编号系统。通常包括资料的类型,资料提供者的姓名、性别、职业等,收集资料的时间、地点和情境,资料的排列序号(如对×××的第一次专业评估主题访谈)。

(2)音频转录

对采访录音或录像进行逐字转录,并进行标记和编码。在质性研究的数据挖掘中,访谈录音的转录工作需要十分严谨,毕竟转录不仅仅是一项将语音转化为文字的简单劳动,更是一次精心策划的情境再现,旨在最大限度地捕捉并保留访谈过程中的有声与无声细节。因此,在着手进行访谈录音的转录时,我们务必采取逐字逐句的记录方式,确保每一个词汇、每一个语气的微妙变化都被准确无误地捕捉下来。并且要求敏锐地捕捉并记录下那些非言语的、同样富含深意的元素,包括:受访者的笑声,它们可能蕴含着轻松、愉悦或是讽刺的意味;叹气声,往往透露出无奈、疲惫或深思的情

---

① 施顺顺,苟震宇,张琳,等. 基于深度域适应方法的非结构化摘要功能识别研究[J/OL]. 现代情报:1—19[2025-06-09].

② Kathryn E. Newcomer, Harry P. Hatry, Joseph S. Wholey. Handbook of Practical Program Evaluation [M]. New York: Wiley, 2015:645-650.

绪;啜泣声,则是情感波动剧烈、内心情感外化的直接体现。此外,访谈中可能出现的较长时间停顿,也不应被忽视,这可能是受访者整理思绪、调整情绪或是进行反思的重要时刻。

综上所述,转录访谈录音是一项综合性的工作,它要求我们在确保文字记录准确无误的基础上,还要具备敏锐的洞察力和细腻的感受力,以便将访谈现场的每一个细微之处都忠实地呈现在研究材料之中,为后续的分析与解读提供翔实而纷呈的依据。

(3)文本及词频分析

通过阅读文本,将有意义的词、短语、句子或段落标示出来。由于收集的原始资料数量非常大,内容非常庞杂,因此需要对所标识的内容进行"目的性抽样",提取出"专业评估的核心观点",即那些能够表达被研究者自己观点和情感感受的语言,将这些概念划分为多个主题。

(4)典型分析

对于编码后的系统化资料采取典型分析,根据分析出来的关键词词频进行评估论点提取,比如采用亲和图(亲和图法。又称 KJ 法/Affinity Diagram),指的是把大量收集到的事实、意见或构思等语言资料,按其相互亲和性(相近性)归纳整理这些资料,使问题明确起来,求得统一认识和协调工作,以利于问题解决的一种方法[①],将相似的结构或概念分为一组,从而归纳出数据的中心内容和走势,明确它们的关系。

例如,评估者需要对 10 位专家的访谈材料进行文本数据处理,包括每篇访谈包含的几个句子,然后将这些报道按照主题进行聚类分析。去除标点符号和数字:使用正则表达式去除文本中的标点符号和数字。我们首先对文本数据进行预处理,包括去除标点符号、停用词和数字等无关信息,进行词干化和词形还原等文本归一化操作,进行词频统计和 TF - IDF 权重计算等特征提取操作。

具体的预处理步骤包括:

(1)去除标点符号和数字:使用正则表达式去除文本中的标点符号和数字。

(2)去除停用词:使用 NLTK 库中的停用词表去除文本中的停用词。

(3)词干化和词形还原:使用 NLTK 库中的词干化和词形还原器对文本中的单词进行归一化处理。

---

① 盛明.财经大辞典(上卷)[M].北京:中国财政经济出版社,1990:11.

（4）F-IDF特征提取：使用sklearn库中的Tfidf Vectorizer对文本数据进行TF-IDF权重计算和向量化操作。

（5）使用TF-IDF向量作为文本特征，将每篇报道表示为一个向量。TF-IDF向量是一种基于词频和逆文档频率的特征表示方法，能够反映评估关键词在文本中的重要程度和区分度。

（6）将聚类结果进行可视化和解释。评估者可以使用词云图、主题模型、关键词提取等方法来对每个聚类进行主题分析和关键词提取，以便于了解报道的主题和趋势。同时，我们还可以使用统计分析方法来比较不同聚类之间的差异和相似度，如ANOVA分析、卡方检验、t检验等方法。

2. 枚举法

枚举法指的是在进行归纳推理时，逐个考察了某类事件的所有可能情况，进而得出可靠的一般结论[①]。在专业评估中，枚举法可以将专业的定性数据转化为数字，方法是：将数据排序到编码框架中，对数据进行统计，然后分门别类，枚举算法的一般结构：循环＋判断语句，一旦对数据进行了令人满意的编码，就可以使用各种定量分析方法对频数进行分析，包括频数表、图表、单变量、双变量和多变量统计，但是处理过程比较复杂。

对于那些对专业评价中特定词条的显著性和频率感兴趣的受众来说，枚举法的数据处理结论具有说服力，因为枚举法进行定性数据编码的底层逻辑是基于受访专家的比例，来提取访谈资料词频，分析离散程度，在明确分类的基础上进行数据决策。

3. 解释描述法

对描述性和推论性统计数据的处理也可以采用解释描述法，因为在许多情况下，评估人员必须依赖评估的利益相关者进行数据收集，包括：

（1）分析和解释通过定性数据收集技术（如访谈和实地考察）；

（2）定量统计技术的过程性评估数据，包括回归分析、因子分析；

（3）专业评估的历史数据，等等。

4. AHP层次分析法

AHP层次分析法，是定性分析与定量分析相结合的一种多目标决策的方法，适用

---

① Kathryn E. Newcomer, Harry P. Hatry, Joseph S. Wholey. Handbook of Practical Program Evaluation [M]. New York: Wiley, 2015:645-650.

于解决难以定量、规范、条理化的多因素、多层次的复杂问题,将复杂多目标的决策问题按总目标、各层子目标、评价准则的顺序分解为不同的层次结构。借助 AHP 可以解决影响专业评估结论的多因子权重问题,如影响专业招生的因子有:课程内容、实验设备体验度、就业等,可以通过 AHP 进行分析判断,究竟哪个因子更加重要。使用 AHP 分析法的步骤基本包括:

(1) 分解评估层次

首先,根据评估的具体需求,将专业评估目标逐层分解为若干层次,例如,确立 6 个关键的一级指标,作为评估体系的基础框架。

(2) 构建层次模型与判断矩阵

依据分解结果,构建清晰的层次结构图,并在每一层次内建立判断矩阵,用于量化同一层次各元素之间的相对重要性。

(3) 权重赋值与计算

采用德尔菲法或专家打分法,邀请专业人士对各层次指标的权重进行主观评价,进而通过数学方法(如特征根法)计算得出各指标的客观权重系数,确保评价的科学性与客观性。

(4) 一致性检验与优化

利用 AHP 软件或手动计算,对判断矩阵进行一致性检验,确保专家的评价逻辑自洽。若一致性比率 CR 小于 0.1,则视为通过检验;否则,需调整判断矩阵,重复权重赋值与计算步骤,直至满足一致性要求。

(5) 层次总排序与决策

最后,进行层次总排序,综合各层次指标的权重,得出整体评估体系中各元素的最终权重排序,从而确定最优评估方案。

AHP 层次分析法的核心优势在于其系统性的推演框架,它能够地将复杂的专业评估问题拆解为若干简单子问题,并通过定性与定量方法的巧妙结合,实现评估过程中逻辑数据数字化与标准化处理。这种方法不仅易于理解和操作,而且能够有效处理评估中的主观性与不确定性,为决策者提供科学、全面的评估依据。

5. 自然语言处理法

教育领域由于其行为、场景的复杂程度,其非结构化数据占据着重要的地位,但在评估工作中由于受到数据价值密度低、存储体量大、处理成本高等因素的制约,非结构化数据一直不得不被策略性地忽略。自然语言处理是非结构化数据处理的重要技术之一[①],主要研究如何让机器对自然语言信息进行处理,包括信息成分的发现、提取、存储、加工、传输等,旨在将人们对语言结构规律的认识用精确的、形式化的、可计算的方式加以表示。

自然语言处理技术在教育评估领域有着广泛的应用前景,比如,建立各级各类教育专家评审语言的规律模型,对于采用协商论证等方式的专家评审工作,辅助专家口头意见的速记、专家组意见的快速汇总整理、评审意见报告模板创建等。引入自然语言处理技术进行语义学分析,能使统计结果更为有效。

6. 大数据处理

大数据时代信息数据化、深度学习、情感计算、区块链、人工智能等技术的发展也给评估数据的高效处理带来了机遇。朱爱民等基于《山东交通学院专业评估指标体系与评估标准》实践中发现的问题,提出建立专业评估指标的监测,定期从各分散的部门系统中对本科专业信息数据进行抽取、集成,经过数据预处理,保证数据的有效性与真实性。筛选出的数据经过一定的算法进行关联聚合后,采用统一定义的数据结构进行存储,生成结构化存储的共享数据库,以便进一步进行数据挖掘与分析[②]。海量的教育信息被数据化以后将成为教育评估的重要资源。我们可以利用数据分析工作(如统计学和算法)以及必需的设备(如信息处理器和存储器),进行更快、更大规模的数据处理。

总的来说,有的评估只处理定量数据得出结论,有的评估使用定性数据作为定量数据的补充,一个有公信力的评估程序,除了权重合理,模型科学,更重要的还是理清政府、高校、社会三者在专业评估中的地位和作用,通过建立以课程、专业、毕业论文、教学管理和学生培养质量为主的自我评估体系,辅以社会教育中介组织的外部评估,加上政府对社会教育中介组织的监控三方共同运作和协调机制,才能确保我国专业评估体制的顺利进行。但是必须注意数据本身并不涉及价值判断,而任何处理或多或少都隐含一些价值评判的意味。数据采集环节处于评估信息处理工作的早期,不过早地介入价值评判,有助于避免采集主体由于先入为主、利益驱动等方面的原因对所采集数据的真实性施加影响。

---

① 吴新林. 教育评估信息采集与处理[J]. 上海教育评估研究,2020,9(02):50—55.
② 朱爱民,李洪华,司冠男,等. 大数据背景下高校专业评估体系构建研究[J]. 教育现代化,2019,6(75):287—289.

第七章 高校本科专业评估指标体系建构

【核心内容】

本章详细探讨了高校本科专业评估指标体系的理论与实践。评估指标体系是一个反映不同维度评价目标的有机整体,通过对专业管理、师资力量、办学条件和人才培养质量等方面进行定性和定量分析,对专业进行综合评判。科学合理的评估指标体系包括教学目标、教材与教学内容、教学方法与手段、教学资源、学生评价与反馈、就业和毕业生评价等。评估指标体系的设计应遵循整合性原则、量体裁衣原则、定量定性相宜原则、导向固定原则。

本章比较了中美两国高校本科专业评估体系,发现中美本科专业评估在具体实践中存在显著差异。美国的专业评估更关注学生的学习效果和职业发展,而中国的专业评估则更关注教师的教学水平和学校的办学条件。在指标数据处理上,美国的专业评估结合定性与定量方法,中国的专业评估主要依赖定量方法,忽视定性描述。评价结果的处理方式也有所不同,美国公开评价结果,引导社会资源流动,而中国通过政府文件公布,政府主导资源分配。例如,美国的工程教育专业认证由 ABET 负责,注重学生能力的培养,强调职业伦理、专业知识和实践能力。纽约州立大学系统的评估活动以学生为中心,重视学生的学习和发展。佛罗里达州法规要求高校每 7 年进行一次专业评估,侧重生产力评估。加州大学伯克利分校的专业审核注重人才培养和本科教育质量。中国工程教育专业评估强调专业教育水平与质量,涵盖教育质量、教育过程和教学条件等方面。另外,上海的本科教学审核评估和选优评估注重内涵评价、教师评价和学生学习效果评价。

本章最后提出了一些优化建议,旨在进一步推动中国高校本科专业评估体系的科学化和合理化,促进高等教育内涵式发展。

引　言

　　世界一流大学普遍的特质在于其"育人为本、本科立校"的教育理念。然而,在当前大学评估环境中,学者们往往更关注快速产出成果的学科建设。这一现象背后,是学科建设与教师个人学术成就、学术声望及学校整体社会影响力的紧密关联,使得教师群体成为学科建设最直接的受益者。不仅如此,国家层面的教育管理部门,也表现出对学科建设的高度重视,通过评选省级、国家级重点学科来推动学科发展。相比之下,专业建设虽聚焦于教学质量与成效,但其成效往往难以在短期内显著展现,因此受到的重视程度相对不足。

　　为应对这一现状,2020年10月教育部发布了《深化新时代教育评价改革总体方案》,明确提出要优化高校评价体系,推动分类评价的实施,并特别强调了应用型本科专业评价标准的探索与建立,旨在突出对学生专业能力和实践应用能力的培养,为本科专业教育质量评估体系的构建提供了明确的方向和指导。在宏观的政策驱动下,构建一套完备的研究型大学专业评估指标体系显得尤为重要。这样的体系将助力各专业通过科学评估,明确办学定位与思路,强化教学基础设施建设,优化教学管理体系,深化教育教学改革,从而全面提升专业教学质量,确保高等教育在培养高素质人才方面发挥更加积极的作用。

　　本书前几章分别从专业评估的时代沿革、专业评估理论、方法和技术等层面,结合国内外各种应用的案例,系统梳理了本科专业评估在实践中的操作和应用,而考察不同国家和地区的本科专业评估制度、评估指标体系以及评估的范式、方式、方法,对于丰富我国本科教育评估的多样性和完善评估指标体系有着重要的参考意义和学术价值,同时专业评价的实践陆续开展,也更需要规范的学术借鉴。因此,本章旨在拆解式剖析国内外本科专业评估案例的基础上,分析其评估模型和指标体系的学理特征,为高校专业评估体系的升级和完善提供更清晰的优化建议,以推动专业评估贯彻"以评促改,以评促建,以评促管,评建结合,重在建设"的原则[①],着力探索具有中国特色的专业评估指标体系。

一、评估指标体系的概念与分类

从全球范围来看,现代高等教育体系及专业评估的理论、实践其实起源于欧美国家的教育实验研究,我国是欧美本科专业评估体系的学习和追赶者,并在专业建设的实践当中,兼收并蓄欧美高校的经验做法,结合中国特色的办学经验逐渐摸索富有社会主义特色的、运作有效的专业评估模式。好的评估指标体系是各层级利益相关者关于专业建设的集中表达,体现了一个专业怎么评、评什么、评完怎么建设等核心问题,因此,对这些概念的理性审视与辨识是必不可少的。

(一) 评估指标体系的界定与辨析

在早期的高等教育领域中,理论与实践的探索从未停止探索脚步,涌现出了一系列具有里程碑意义的贡献。厦门大学潘懋元教授主编的《高等教育评估材料选编》(1986 年),作为该领域的先驱之作,不仅收录了高等教育评估领域的开创性研究成果与试点工作的实践精华,还详尽记录了镜泊湖会议中提出的评估蓝图与权威讲话,为高等教育评估研究奠定了坚实的基础。与此同时,吉林工业大学与四平师范学院携手推出的《高等教育评估论文选》(1986 年),以及同济大学高等教育研究所精心编纂的《沪港教育评估论文集》(1993 年),均以其独特的视角和丰富的内容,进一步拓宽了高等教育评估的理论视野与实践边界。特别值得一提的是,早期沈本良教授于 1992 年发表的《专业教育评价及组织》一文,标志着专业评估指标体系研究迈入了更为系统、深入的阶段[②],文中对该体系进行了全面而深刻的剖析,从概念内涵的精准把握到构

---

① 陈理宣. 教育学原理:理论与实践[M]. 北京:北京师范大学出版社,2010:229.
② 沈本良. 专业教育评价及组织[J]. 高教评估,1992(01):43—46.

建维度的细致划分,再到实际应用功能的详尽阐述,均展现出高度的专业性与前瞻性。这篇文章不仅为专业评估的规范化、科学化发展树立了标杆,更为本科专业评价工作的有序推进提供了强有力的理论支撑与实践指导。

尽管这些早期著作和论文在学科专业评价的详尽程度与广度上有所局限,但它们所构建的理论框架与积累的实践智慧,为本科专业评价体系的后续发展铺设了坚实的道路。尤为重要的是,它们对专业评估指标体系进行了初步而富有远见的界定,初步划分了评估的维度,并初步阐述了体系搭建的原则和步骤,这些工作对于专业评估领域的评估指标体系的搭建具有不可估量的参考价值。近年来,学者们研究评估指标体系,其定义大同小异,定量研究方面,如李诗婷认为专业评估指标体系就是按照一定的原则,将评估专业质量的要素逐步分解成为一些具体可测的操作化目标,再根据这些指标对总目标的重要程度赋予合适的权重,对专业的质量作出客观的价值判断,给出合适的分数作为参考①。

本研究认为,任何评估指标体系都是由表征评价对象各方面特性及其相互联系的多个指标所构成的具有内在结构的有机整体,通过对评估目标依次逐级分解而构成,是衡量一个专业或学科的综合实力和发展状况的一套量化标准和评价指标,它基于对专业目标、教学内容和教学方法的分析和研究,旨在对专业的教学质量进行评估和改进。一个科学合理的评估指标体系可以提供专业发展的方向和依据,帮助学校和教师了解专业的强项和薄弱环节,进一步提高教学质量。要把评估的目的转化为评估指标,把评估的指导思想渗透到评估指标体系之中,这是设计、制定评估指标体系的关键,也是评估指标体系是否科学的基础,一个完整的专业评估指标体系应该包括以下几个方面:

1. 教学目标:教学目标是指教学活动所要达成的结果。它应该明确地描述学生所应具备的知识、技能和能力。评估体系需要确保教学目标能够与专业要求相匹配。

2. 教材与教学内容:教材和教学内容是教学的核心。评估体系需要对教材的合理性、完整性和科学性进行评估。同时,还要评估教学内容的难易程度、深度和广度是否适合学生能力的发展。

3. 教学方法与手段:评估体系应该评估教师在教学过程中采取的教学方法和教学手段的有效性。这包括课堂讲授、实习实践、实验操作、项目设计等各种教学方式。

---

① 李诗婷. 基于大学生发展的校内本科专业评估指标体系研究[D]. 广州:广州大学,2018.

4. 教学资源:评估体系需要评估学校提供的教学资源,包括教师队伍的师资力量、教室设施的完备程度、实验室仪器设备的质量和数量等。

5. 学生评价与反馈:学生评价与反馈是评估体系中的重要部分。学生对教学的评价能够直观地反映教学质量和效果。评估体系需要考虑学生的综合评价、问卷调查、听课评议等方式,获取学生对教学的反馈。

6. 就业和毕业生评价:评估体系应该综合考虑学生的就业情况和毕业生评价,评估专业教育对学生职业发展的影响包括学生的就业率、就业质量、薪资待遇等指标。

(二) 评估指标体系的分类

专业评估体系是一个集合概念,不同的学者基于不同的评估理论、根据不同的评估目的、映射不同的利益相关者必然会制定指标迥异的体系工具,并对评估结果做不同的分类展示。以我国新一轮本科审核评估指标体系为例,评估指标体系分为两类四种方案,第一类设一级指标 4 个、二级指标 12 个、审核重点 38 个;第二类设一级指标 7 个、二级指标 27 个、审核重点 78 个。第一类少而精,主要适用于那些具有世界一流办学目标、一流师资队伍和育人平台的高校,旨在培养一流的拔尖创新人才,服务国家重大战略需求①。

第二类评估量大、面广。进一步细分为适用于以学术型人才培养为主的高校、以应用型人才培养为主的高校,以及首次参加审核评估的高校,占我国普通本科院校的95%以上。

审核评估指标体系分为三种:

1. 已参加过上轮审核评估,以学术型人才培养为主要方向的普通本科高校;

2. 已参加过上轮审核评估,以应用型人才培养为主要方向的普通本科高校;

3. 已通过合格评估 5 年以上,首次参加审核评估、办学历史较短的普通本科高校。

合格评估作为国家对新建普通本科院校(简称"新建本科院校")实施的一项关键性本科专业建设质量评价措施,明确要求所有此类院校在既定时间框架内必须参与。

---

① 聚焦审核评估|本科教育教学审核评估知识要点(四)[EB/OL]. (2023 - 03 - 20)[2025 - 06 - 07]. https://m. thepaper. cn/baijiahao_22379410.

一旦通过合格评估,这些院校便获得资格进入后续的审核评估阶段。审核评估则侧重于深入剖析本科教育在人才培养目标设定、教育过程、学生成长轨迹、资源配置及教学成效等多维度的表现。通过这种评估分类体系,提供两类共四种评估指标体系,供高校根据自身实际情况自主选择,旨在激励高校主动分类定位、科学规划发展路径,实现个性化成长,从而推动高等教育向多元化、特色化方向蓬勃发展。

纵观全球,高等教育评估体系建设已成为多数国家的共同实践,其共通之处体现在以下几个方面:首先,在评估内容上,普遍涵盖院校整体评估与专业认证及评估两大方面,其中人才培养质量与教学质量是评估的核心议题;其次,评估周期上,大多数国家遵循 5 至 8 年的周期性评估原则;再者,评估模式上,可归纳为三大类别:认证模式(如合格评估,注重达标与否)、等级模式(依据水平划分等级),以及审核模式(关注自我设定目标的实现与自律机制的建立),后两者分别通过具体等级划分和审核报告形式,指导学校持续改进;最后,在评估组织方式上,存在政府主导、政府与社会协同以及民间主导三种主要模式,而管理、办学、评价三者分离的原则,则是各国高等教育评估体系的共同特征。

二、本科专业评估指标体系的设计原则

评估原则是实施本科教育评估活动必须遵循的基本准则,是本科教育评估活动基本规律的反映,是人们对本科教育评估活动规律的认识与本科教育评估活动客观实际的统一,是本科教育评估活动顺利开展的根本保证。建立本科教育评估的指标体系应遵循以下几个原则:

(一)整合性原则

高校专业评估及建设具有显著的整合特性,其评估指标体系的建构理应由整合思维来支撑并置于整合性原则之下,做到观念与权力、指标维度与遴选方法、过程与结果、专业条件与条件利用等的整合,通过选择整合思维方式的立场,围绕本科人才培养和专业价值建设的目标,从功能属性上使不同范畴的评估目标之间获得了结合在一起的逻辑合理性,最终成为专业评估指标体系的构成要素。本书第五章在梳理高校本科专业评估方法中就系统论述了：专业评估作为价值判断活动，具有整合高等教育利益相关者的办学观念、统一认识之作用，进而为调整、整合教学资源积聚精神力量。这是因为，专业作为高校集结办学资源的相对稳定组织，必然存在利益相关者、利益博弈和利益固化的现象。而利益固化对学校专业的协同发展往往演化为障碍①。从社会组织变革理论的角度看，相对稳定利益博弈和利益固化格局的变革需要有外力的介入。这也是高教研究者和管理实践者都普遍认同"以评促建，以评促改"等管理策略的缘由。

因此，在整合性原则指导下，政府依法负责制定评估工作方针政策、教学质量基本标准、评估方案、评估总体规划安排，委托专业评价机构开展评估活动；高校既是接受评估的对象，又是评估工作的主体②。学术权力、政府权力和市场权力三者的代表共同主导指标体系的制定，即不仅要有校内外同行专家，还必须有包括政府管理者、产业界专业人士、社会雇主代表等来协同制定。在我国，高等学校是人才培养的主体，承担着开展自评自建活动并主动接受外部评估的法律义务；社会各界是评估的参与者和监督者，社会对于高校的人才培养、教育教学以及评估工作具有知情权、参与权和监督权。实行阳光评估，吸纳社会力量参与，评估信息向社会发布，让社会多方面了解评估工作，理解、支持和监督评估工作是评估工作可持续开展的重要保障。比如教育部印发的《普通高等学校本科教育教学审核评估实施方案（2021—2025年）》中就明确提出：构建了"1＋3＋3"校内外多维立体综合评价体系，分别从常态资源、学校、教师、在校生、毕业生和用人单位等多元多维视角进行评价，让评价体系"立起来"。

（二）因地制宜原则

评估指标体系的设定，既涉及专业评估内部因素之间的关系考量，又考虑到各学科专业与社会之间的联系，标准都是因专业而异。过去很多高校内部开展的自主评估没有很好地体现专业分类指导原则，不同程度地存在着评估指标体系单一、评估标准一元、用一把尺子衡量所有专业教学质量和人才培养质量的现象，不利于促进高校自

---

① 宋专茂，罗三桂. 审核评估下校内专业分类评估指标体系的整合性建构[J]. 现代教育管理，2015(05)：86—89.

② 普通高等学校本科教学工作合格评估 36 问[EB/OL]. (2022 - 05 - 31)[2025 - 06 - 07]. https://www.gwng.edu.cn/jxzljdpgzx/2022/0531/c1560a78832/page.htm.

身教育教学、学术研究和办学特色的发展。构建高质量高等教育评估指标体系，需要针对不同学科门类的特点，完善分类评估指标体系和评估程序。针对自然科学类学科，评价重点要突出其创新创造能力，着眼于该学科前沿竞争力及其满足国家重大需求的能力；针对哲学社会科学类学科，评价重点要突出哲学社会科学类学科的继承性、民族性、原创性、时代性、专业性等特点，优先评价其政治方向与社会责任，进一步推动我国高等教育评价的针对性与精准性[①]。

因此，建立多元化评估指标体系是当前推进高校内部教学评估工作的核心原则之一。比如本科教育教学审核评估实施方案（2021—2025 年），就能够实现一校一案。"两类四种"评估方案中，模块化设计定性指标，弹性设置定量指标，设置必选项和可选项，兜底线、促特色，尊重学校自主选择权和专家自由裁量权，与学校一起制定"个性化"评估考察方案，实现一校一案，让组织实施选择权"落下来"。

（三）定量定性相宜原则

不同专业评估指标体系的构建既要运用定性的维度选取评价指标，又要结合定量的数理统计方法来商榷指标权重和数据收集的程序。一方面，在指标体系维度和结构的确立上，要挖掘教育专家在专业建设领域内的经验，进行定性分析，经过概括、抽象、综合、推理等碰撞、辨析的过程，通过透视专家见解并进行文本分析，再经汇总分析而确定指标体系的维度和结构。另一方面，在指标集的遴选上，要使用数理统计的模型或工具，选指标、定权重、熵值。因此，在方法的使用上，要做到定性与定量相结合，除用好定性的文本分析、德尔菲法外，还应充分利用数理统计中的 AHP 层次分析、模糊数学法、因子分析法、熵值法、聚类分析等方法，以提高评估指标体系的信度和效度。

（四）导向固定原则

导向性是指事情向某个方面发展的特性，是评价最基本的特性。在这里我们谈到的导向性倾向于目标导向性，即每个评价指标体系都是有相应的所要达成目标的标

---

① 王洪才，刘斯琪. 论高质量高等教育评估指标体系的构建[J]. 重庆高教研究，2024，12(05)：3—13.

准,被评对象依据目标的要求有方向地发展。针对专业调整需求而进行的专业评估,应当遵循结果导向的原则,并侧重于对趋势的准确判断。一方面,专业调整的核心目的在于适应社会的实际需求,这就要求评估具备前瞻性,不能仅仅局限于对过往表现的回顾与评判;另一方面,对未来的预测又必须建立在历史和当前表现的基础之上,因此,必须重视专业人才培养的结果性指标。需要明确的是,评估只是达成目的的一种手段,真正的关键在于建设,即提高教学质量与办学水平,这才是我们追求的最终目标。"以评促建,以评促改,评建结合,重在建设"是高等教育评估的基本原则。

教育要全面适应现代化建设对各类人才培养的需要,要全面提高办学的质量和效益。这也可以说是当前全国教育工作面临的两个重要转变"的指示精神,立足当前,面向未来,适应 21 世纪经济建设和科技发展的总要求。在整个评估指标体系的设计中,在有关评估指标及名称的拟定上,直到内涵界定、数据的标定、权重的分配等,既要根据国情、省情,从实际出发,又应当与国外高等教育,尤其是西方先进高等学校的相关指标逐步"接轨"。只有这样,才能使指标体系符合"三个面向"的要求,才能使高等教育适应社会主义市场经济的发展要求,才能使高等教育能够应对 21 世纪的挑战,才能使我国高等教育逐步迈进世界高等教育的先进行列。

(五)可操作性原则

构建出的指标体系应当具有可操作性是评估指标体系能够推而广之、落地实践的关键。这就要求各大高校在采集指标的过程中,每个指标的选取时就考虑到实操性。评价体系中的指标要符合专业发展的特点,并且可通过定性或者定量观测,使得各专业在使用指标体系的过程中,即便在没有相关评估知识的背景下也能便于利用、方便施测,不会出现模棱两可的情况,也尽可能减少数据模糊带来的评价结果争议。

因此,我们的评价指标体系应当共同反映被评对象的某种或某些属性,而每项指标的构建,每个构建指标语言的表述,都应当尽可能简洁明了,没有歧义,便于操作。同时评价的标准也是根据专业属性、学校层级而异,过分地偏离或固化也会对评价结果的展示埋下分歧的隐患。在指标选取时,就要前置考虑具有可量化的特点,在保证指标能较好反映受评专业的前提下,能够直接查到或者通过计算间接得到指标数据,以保证评价的可操作性,比如,在设计评估指标体系时,尽可能采用可用事实来描述结果的指标,而避免选取一些过多需要评估主体价值参与的指标。

三、美国本科专业评估指标体系分析

美国高等教育的评价很多,总体而言,其质量评估包括大学认证、专业认证、专业审核、学习成果评估等。从 20 世纪 80 年代开始,美国本科专业评估的显著特征就是"以学生为中心"。1952 年美国人本主义心理学家卡尔·罗杰斯(Carl R. Rogers)在哈佛大学主办的"课堂教学如何影响人的行为"学术研讨会上提出"Student-centered",随后美国各大高校在 1980 年后开始 SC 改革运动[①]。"Student-centered"认为大学生是高等教育质量中的最大利益相关者,专业建设需要以学生的学习、发展及学习的实际成效为中心进行改革,本科专业评估就必然要以大学生培养的质量作为评估的标准和基础,重点考察专业教育是否对大学生学习发展和学习效果产生了积极的影响。早期学者倪小敏在 2004 年也提出了类似的观点:美国评估重心由重教育"投入"质量,转向重教育"产出"质量。美国早期评估使用简单的"核对清单"(check list),主要检查图书、师资、教学设备等硬件投入情况,之后把重点转移到评估教育成果上。对学生业绩的评价占有较大比重,各专业鉴定机构,要求学校提供学生设计作业、国家考试通过率、学生学业进步情况、毕业生的专业成就和事业成就以及雇主对毕业生的评价等,这点可以从美国工程协会(ABET)的鉴定准则中得到印证[②]。

美国的认证体系稳固地建立在专业认证与院校认证两大基石之上。专业认证,作为对高等教育领域内具体专业质量的深度剖析,通常由行业内备受尊敬的职业协会及资深专家团队携手执行。全国范围内,近 70 个专业认证委员会各司其职,确保了评估的专业精准与权威公正,为各专业树立了质量标杆。而院校认证则是对整个教育机构进行的一次全面性"体检",旨在评估其整体教育质量与办学水平。美国创新性地设立了六个区域性认证机构,依据地理位置划分,既促进了地区间教育标准的统一,又鼓励了区域特色的凸显。

随着美国高等教育从大众化的浪潮中稳步迈向普及化阶段,其评估体系也历经了

---

① 陈玉琨.教育评估的理论与技术[M].广州:广东高等教育出版社,1987.
② 倪小敏.专业评估:社会维度的质量保障[J].江苏高教,2004(04):29—31,77.

深刻的转型与升级。从最初的办学标准确立,到大学整体的认证覆盖,再到非常翔实的专业认证体系构建,这一过程见证了美国高等教育质量评估机制的日益成熟与稳定。然而,高等教育的大众化进程并非一帆风顺。随着学生数量的激增,美国高等教育也面临着质量下滑的严峻挑战,社会各界对于教育质量的担忧日益加深。

在此背景下,美国高校内部开始主动求变,积极构建内部质量评估机制——专业审核,这一举措与我国的学科评估异曲同工,均旨在通过内部驱动促进专业质量的持续提升。为了更直观地理解美国专业认证的实践运作,我们将通过一系列具体案例进行深入剖析。这些案例不仅展现了专业认证在美国高等教育体系中的重要作用,还提炼出了其在保障与提升教育质量方面的宝贵经验与有效策略,为我国乃至全球范围内的高等教育评估提供了深刻的启示与借鉴。详见表7.1。

表 7.1　美国高等教育专业认证与学科/专业审核

对比维度	高等教育专业认证	学科/专业审核
目标与定位	确保专业教育质量符合行业、国际标准(如华盛顿协议),推动国际互认	优化专业布局,适应国家战略需求,动态调整专业设置
标准依据	基于国际通用框架(如 ABET、华盛顿协议)或行业标准,强调"实质等效"	依据国家政策文件(如普通高等学校本科专业目录)和教学质量国家标准
评价重点	学生能力产出(如毕业要求达成度)、持续改进机制、课程体系支撑性	专业设置的合理性(如师资、设施、社会需求)、与学校定位的匹配度
评价模式	以成果导向(OBE)为核心,注重外部专家评审与数据举证	以政府主导的行政审核为主,结合学校内部论证与公示流程
结果应用	获得国际认可(如《华盛顿协议》互认),提升毕业生竞争力	决定专业是否保留、调整或撤销,影响招生与资源配置
实施主体	第三方专业认证机构(如中国工程教育认证协会、ABET)	教育行政部门(如教育部、省级教育厅)及高校内部评议组织
周期与动态性	周期性(通常 5 年一次),需持续改进并提交更新材料	年度动态调整,结合社会需求变化及时优化专业目录

（一）纽约州立大学以学生为中心的评估指标体系设计

纽约州立大学教务委员会(UFS)和社区学院教务委员会(FCCC)发起过一次提高整个纽约州立大学系统学术经验质量的评估活动,目的是改善学生的学术体验;这次评估就是"Student-centered"指导下的评估实践运动[①]。对专业建设来说,评估的重点是学生而不是课程,所以评估指标的选取基础是学生可观测、可采集的行为数据,直接评价指标是直接采集的学生学习数据,间接评价是基于学生对课程开展、学习体验和访谈调查中得出的看法。参见表 7.2。

表 7.2　纽约州立大学以学生为中心的评估指标体系(节选)

一级指标	二级指标
教学目标及方法	教学方法创新情况
	教学目标达成情况
	通识教育目标达成情况
教学环境及资源	教学资源持续投入情况
	专业设备投入使用情况
	图书馆与藏书
	师资队伍及水平
学生反馈	学生反馈机制及渠道
	学生反馈数量及频次
	学校行政管理响应及改善情况

此评估体系将学生及其能力的发展置于核心地位,特别强调对学生教育增值的密切关注。它不仅包含对学校硬件设施与资源投入的评估,更着重于衡量学生的学习投入度、所面临的学业挑战与所获得的支持程度,以及这些投入与挑战最终转化为学习成果的实际效果。同时,该体系还深入考查了学生是否融入了富有意义的教育活动,

---

① University Faculty Senate Undergraduate Committee. Guide for the Evaluation of Undergraduate Academic Programs[EB/OL]. (2012-02)[2025-06-09]. https://www.suny.edu/sunypp/documents.cfm?doc_id=182.

从中汲取了珍贵的教育经验,并进一步评估这些经历如何为学生未来的成功奠定坚实基础。此外,学生的个人成长感受、是否乐于向他人推荐,也成为评估不可或缺的一部分。这与国内学生中心的评估在价值导向上基本一致,未来要回归以学生能力增值为导向的通识性专业培养目标。

(二)佛罗里达州的改进型评估指标体系简介

佛罗里达州法规要求高校专业每 7 年评估一次。生产力评估侧重对生产力水平低的不合格或低质量专业进行评估,如入学人数、学位授予数、办学成本、认证结果、就业率等生产力指标未能达到既定标准的专业。为了督促这些低生产力专业进行整改,高校和州高等教育管理机构要对其进行阶段性评估。佛罗里达州的专业评估聚焦的是专业是否顺应社会需求,评估其前瞻性,而不是仅依据过去的表现进行判断,进而调整资源的投放。参见表 7.3。

表 7.3　佛罗里达州专业评估指标体系

一级指标	二级指标
专业招生人数	当年度入学人数
	当年度毕业人数
	招生政策和程序
师资和教学审核	本科学位授予数
	硕士博士学位授予数
	学位资格审核程序
办学资源投入	国家或政府投入经费
	学校及校友经费
	专业实验室数量
就业率	专业整体毕业率
	本科生过去 7 年研究生的就业情况
	硕士博士过去 7 年研究生的就业情况
	就业辅导课程开设情况
	教师参与这些活动的程度如何

（三）加州大学伯克利分校以人才为核心的问责评估指标体系简介

加州大学伯克利分校的学科/专业审核是由学术委员会和教务长办公室联合开展的关于专业和研究机构的教学、科研和服务质量的评估/审核活动。从 20 世纪 70 年代开始,每 8—10 年对所有专业、系所开展综合评估。人才培养特别是本科人才培养处于绝对核心位置。伯克利分校的学科专业评估指南分为五大板块:

（1）愿景和优先发展战略规划;

（2）科研;

（3）教育教学;

（4）教师聘用战略计划和学科资源;

（5）行政人员、设施和其他资源。

五大板块共计 100 个问题观测点,其中教育教学板块就占据了 56 个问题(含本科教育,本科服务与指导,研究生教育、指导以及职业发展,教学质量,教师指导)。这与国内学科分析报告相对更侧重学科地位、学术成果有明显区别。其核心在于倾听学生的声音和需求,伯克利认为学生在大学既扮演"消费者"的角色,同时也扮演鼓励教师和大学改进和发展的角色。前者强调的是学生通过教师的教学以及行政人员提供的服务来掌握知识和成长的角色;后者是学生作为接受教育的主体,为大学的发展做出自己的贡献,并在很大程度上是大学发展的直接推动者。在大学决策,特别是教学及专业评估中细听学生的声音是极其重要的[①]。详见表 7.4。

表 7.4　伯克利分校专业评估指标体系

一级指标	二级指标
专业发展	专业发展规划
	面对新的发展和变化所做出的反思和调整
	学科的国内/国际声誉
	在全美学科中所处的位置

---

① 常桐善.学科评估要细听学生声音:加州大学利用本科生调查结果的实践经验[J].中国高教研究,2020(07):47—53.

一级指标	二级指标
	跨学科合作程度
	办学的社会满意度
师资和教学审核	教师聘任程序
	如何激励教师
	利用什么资源提升教学质量
	用什么方法评价教学质量
	如何将教学质量评价收集到的数据反馈给教师
科研投入	对图书馆研究资源的满意度
	科研资助情况
	科研优势支撑课程教学情况
本科教育	如何向学生传达和沟通培养目标
	是否利用有效的方法测评学生的学习成果
	为学生提供的课外活动机会如何
	教师参与这些活动的程度如何
	课程的丰富程度
	为学生的学业发展和职业发展提供了哪些指导
	有何措施保证学生成功完成学业

（四）美国工程教育专业认证指标体系介绍

结合专业认证的实际成果来说，欧美国家在工程教育专业认证的理论探索与实践应用方面的确比国内要更成熟和超前。《国际工程教育杂志》早在 2000 年春季就特别推出了"认证与质量保障"专题，集中刊登了一系列文章，深入剖析了美国、加拿大、德国、丹麦、澳大利亚、约旦、墨西哥及中国香港等地工程教育认证的现状与成效。这些文章不仅强调了工程教育认证在确保教育质量、推动国际互认方面的关键作用，还探讨了全球化背景下工程教育及其认证所面临的新挑战与机遇。

其中，美国工程教育专业认证体系以其成熟性和权威性，成为全球各国构建工程教育质量保障体系的重要参考坐标。自 1998 年起,《美国工程教育》期刊连续发表了一系列专题文章,详尽分析了 1997 年推出的"EC2000(工程准则 2000)"新认证标准的特性、实施效果、潜在挑战、认证策略、达标路径及其在国际舞台上的影响力。这一系列研究为理解和应用该标准提供了丰富的理论与实践指导。在美国,高等教育认证与评估工作由高等教育认证委员会(CHEA)这一私立、非营利性全国性机构统筹管理,其成员网络覆盖了近 3 000 所高等教育机构及 60 多个各级各类评估组织,展现了广泛的行业代表性和权威性。CHEA 的领导层由 17 位来自不同背景的校长、教育界精英及公众人物组成,确保了决策的全面性和公正性。至于工程专业的具体认证工作,则由美国工程技术认证理事会(ABET)负责执行。ABET 作为专业认证领域内广受认可的权威机构,其认证标准与流程严格遵循行业最佳实践,为确保美国乃至全球工程教育质量树立了标杆。

ABET 是一个由 31 个顶尖的工程专业技术协会联合组成的独立的第三方机构,专注于工程教育领域的认证工作。它下设四个专门的认证委员会,负责覆盖并评估总计 60 个不同工程专业的教育质量。ABET 的工程专业认证体系构建了一套全面而细致的指标体系,该体系由一般指标与具体指标两大部分组成。一般指标包括 8项(见表 7.5),为所有参与认证的工程专业提供了统一的质量评估框架。而具体指标则更加细化,针对航空航天、建筑工程、化学等 29 个具体工程大类进行定制,由各自领域内的专业学会依据行业标准和最佳实践精心制定,以确保认证的针对性和有效性。

表 7.5 ABET 专业工程认证和共通认证指标比较

维度	ABET 工程认证	共通认证(如《华盛顿协议》框架)
认证目标	支持工程师注册制度,强调行业需求	推动国际互认,注重"实质等效"
标准结构	通用标准＋专业群标准	通用框架＋灵活调整
毕业要求	解决复杂工程问题,强调创新与伦理	12 条能力框架,可分解为指标点
课程设计	数学与科学基础整合,跨学科协同	反向设计,课程目标直接支撑毕业要求
持续改进	数据驱动,定期审核	闭环反馈,全员参与

以建筑工程专业为例，其认证指标在课程设计方面，明确要求专业课程必须能够培养学生掌握必要的知识体系和实践能力，以满足未来建筑设计职业生涯的需求。在师资配置方面，则严格规定了教师必须具备的资质条件，如大多数授课教师应持有相关专业执照或具备丰富的教育和设计实践经验；同时，师资团队中还需至少包含一位曾在建筑行业全职工作并担任过决策职务的成员，以确保教学内容与行业实践的紧密衔接。

总之，工程教育的专业认证是一个由工程技术行业相关协会携手工程教育者、管理者及教学者等多元利益群体共同参与的过程，旨在通过多维度评估电子信息工程、建筑工程等工程技术领域相关专业的高等教育质量，确保工程技术从业人员达到行业所需的教育标准。具体到美国 ABET 工程评估体系，其显著特征可归纳如下（见表 7.5）：

1. 指标体系的全面性与针对性

ABET 的评估体系由通用指标与个别指标两大板块构成。通用指标作为所有工程专业均要满足的普遍性标准，确保了整体教育质量的基准线；而个别指标则针对建筑工程、机械工程等具体专业方向制定了差异化的要求，体现了评估的精细化和专业性。

2. IPO 模式的系统应用

通用指标的构建深深植根于 IPO（输入—过程—输出）教育模式之中。这一模式涵盖了从教育资源输入（如学生素质、师资力量、教学设施）、教育过程实施（如教育目标设定、持续改进机制、课程体系设计、组织支持体系）到教育成果输出（即学生学习成效）的全链条评估，确保了评估的全面性和系统性。

3. 对学生应用能力的关注

ABET 的评估不仅关注学生是否掌握了扎实的基础知识和专业知识，更将焦点放在了学生对知识的实际应用能力上。评估体系明确要求学生不仅需具备职业伦理道德和社会责任感，还需精通数学、自然科学、信息技术等基础学科，并能在工程实践中灵活运用所学技术、技能和现代工程工具。此外，还特别强调学生在复杂情境下解决实际问题的能力、多角度思考问题的综合应用能力、终身学习能力、有效交流能力（包括国际交流）、组织管理能力和团队协作能力，这些能力的培养被视为工程教育不可或缺的重要组成部分。

四、我国高校本科专业评估指标体系

中国的高校专业评价借鉴了美国的专业认证,基本始于 20 世纪 80 年代,了解介绍国外开展高等教育评估的实际经验,成为当时我国高等教育评估发展的重要步骤,主要类型有合格评估、水平评估、选优评估。80 年代以来,许建钺主编的《高等学校教育鉴定与水平评估》(1992)、王冀生的《中国高等教育评估》(1993)、王致和主编的《高等学校教育评估》(1995)、夏天阳的《各国高等教育评估》(1997)等在介绍我国高等教育评估的发展、评估理论、评估标准与程序以及评估的实践中,专业评估是作为其中的章节出现的。进入 21 世纪,在学理和创新上有代表性的观点是:有学者从哲学、高等教育学和管理学等多学科角度构建了具有指导意义的高等教育学评估理论体系,对于专业评估则强调"学科和专业的质量是大学整体质量的重要组成部分,是大学整体质量的基础"[①]。

工程类专业评估工作于 20 世纪 80 年代开启,标志性事件是 1986 年国家教委高教二司发布的《高等学校工科类专业的评估》一书,其中详尽地阐述了工科类专业的评估框架,涵盖了鉴定准则、实施细则、自评指导大纲、鉴定工作的指导原则,以及鉴定调查组报告的范例等内容。尤为重要的是,书中对加拿大及美国工程教育专业认证体系进行了深入细致的介绍与分析,为国内工程类专业评估体系的构建提供了宝贵的国际视野和参考。可以说,国内的专业评估体系是在借鉴并吸收美国专业认证理念与实践经验的基础上逐步建立起自己的理论大厦,同时结合国内实际情况进行了创新与完善,形成了具有中国特色的专业评估模式,实现了对国外先进经验的本土化转化与超越。

(一) 从专业认证到专业评估指标

专业评估与专业认证是提升专业建设的两种完全不同性质的评价方式,专业评估

---

① ABET Criteria for Accrediting Engineering Programs, 2014 - 2015[EB/OL]. (2014 - 12 - 08) [2025 - 06 - 09]. http://www.abet.org/eac-criteria-2014-2015.

侧重专业建设,突出人才培养和输送;而专业认证侧重身份标志和社会认同。我国学者对于高等教育认证及专业认证制度的研究,自我国高等教育评估成为独立研究领域时就已经展开,但在相当长的一段历史时期内,中文文献中针对这一领域的学术探讨,使用了多种纷繁复杂的术语,未能形成统一的表达体系。在中国香港地区的学术界,研究者们倾向于使用"课程甄审""专业评审"等词汇来命名相关活动;而中国台湾地区的学者则展现出更为丰富的术语多样性,以陈汉强主编的《大学评鉴》一书为例,其中便囊括了"专业认可""学程专业品质认可""学门评鉴"等多种表述方式。相比之下,中国大陆学者的术语使用变化路径更为清晰,经历了从宽泛到精准的转变过程。早期,学者们较多地采用"质量评估""质量评价"等较为笼统的称谓,同时也频繁使用"专业质量评估""专业评估""专业鉴定"等术语,这些词汇虽已触及认证制度的核心,但尚未直接对应国际通行的"认证"概念。

本文认为,差异在于指标体系的性质和评估结果的分类。评估结果是需要分等级的,评估指标体系中有大量的定量指标,对各类学校是用同一个标准衡量的;而认证结果只有"通过"与"不通过"两种,只是在"通过"中有 4 年与 7 年两种有效期。在通用标准中基本上都是定性指标,是以学校自身定位的要求来衡量的,所强调的只是保证质量的最基本要求。在专业评估的指标的界定上,不同流派学者有不同的观点,如目标分解说,王汉澜先生认为评价指标是评价目标的具体化,是构成目标的具体因素。[①] 也就是说,评估指标可以理解是行为化的、具象的、可观测或数据采集的子目标。邱东、杨仲山站在统计学角度理解指标是"用来反映社会现象在一定时间、地点和条件下的规模水平、程度等数值的概念"。类似的还有教授科布(Cobb)和瑞克斯福德(Rixford)所提出的:指标指的是一组能充当无法直接测量现象之代理或隐喻的统计数字。在评估指标体系中,教师与学生主要是作为被管理的对象,缺乏经常性的监控制度;在认证标准中,教师与学生更多地作为被服务的对象来定位,强调教师与学生的发展,以学生达到专业目标为最重要的衡量指标。强调要建立质量评估体系进行经常性的自我评估,不断改进提高。

(二)国内专业评估指标体系的典型案例

我国自 20 世纪 90 年代初持续至今的本科教学水平评估是一种综合性评估,涉及

---

① 王汉澜. 教育评价学[M]. 开封:河南大学出版社,1995.

大学的各个方面,一级指标中的专业建设是一个重要指标。不同学校、学科、评价目标,指标的选取同样存在专业差异,但是核心的三个指标基本包括:教师教学水平指标、学生发展水平和教学支持评估。

例如2022年,山东师范大学学前教育的专业自评和河西学院数学与应用数学专业、应用化学专业的自评,就都围绕培养目标、课程与教学、合作与实践、师资队伍、支持条件、质量保障、学生发展几个维度进行了过程性专业评价并识别了相关问题。

典型案例还有辽宁省应用型专业评估指标体系共设计了九个一级指标,即"培养方案""师资队伍""教学资源""校企合作""教学模式""创新创业教育""人才培养质量""质量保障体系""特色与辐射作用"①。

上海作为中国高等教育的战略高地,在很多方面的教育评估实践举措都有引领性的参考价值。其中,《上海市属普通高等学校本科教育教学审核评估实施方案(2021—2025年)》中明确了评估原则、对象、周期和指标体系,以及以学校自评、专家自评改进、提交材料、线上评审、实地考察的程序。其中评估指标体系的设计分为"两类四种":第一类设一级指标4个、二级指标12个、审核重点38个;第二类设一级指标7个、二级指标27个、审核重点78个。并且,以5年为周期,为学校的变化发展留下了调整上升空间。高校可以在这个周期选择一种类型来接受评估,到了下一个周期,还可以根据学校的实际情况选择另一种类型。

除了合格评估外,上海市的评估也更关注选优评估,合格评估属于认证模式评估,达到标准就通过。水平评估属于选优模式评估,主要看被评估对象处于什么水平,重点是选"优"。所以,选优评估更加关注评估对象在满足基本规范性指标的基础上,展现自身办学特色和亮点的情况。上海各大高校除了参与合格自评外,也积极征集、遴选暨市级示范本科专业案例。

相较于前几轮的本科评估,本次上海高校本科教育评估指标体系的设计贯彻了破五维、立德树人的要求:

1. 强化学校内涵评价,定量评价与定性评价结合。在办学指导思想上,重点考查学校是否确立立德树人中心地位;在育人机制上,重点考查学校是否形成"三全育人"合力;在领导体制上,重点考查学校是否确保党的全面领导。

---

① 常桐善.学科评估要细听学生声音:加州大学利用本科生调查结果的实践经验[J].中国高教研究,2020(07):47—53.

2. 改革对教师的评价，推进教师践行教书育人使命。重点考查学校是否坚持把师德师风作为评价第一标准。强化高水平教师投入评价，不是看"帽子"教师数量，而是注重其对本科人才培养的贡献。

3. 强化学生学习效果评价，强化学生中心、产出导向、持续改进理念，完善"五育"评价，重点关注学生"学会了什么"。

4. 强化多元主体评价，重点考查学校是否完善人才培养质量评价方法，建立行业、企业深度参与评估机制和境外专家、青年教师、学生参与评估机制，从不同角度了解和评价学校人才培养质量状况。

（三）中国工程类专业认证与评估的指标体系

工程教育在我国构建创新型国家体系、推进人才强国战略中占据着核心地位，而应用型大学作为这一领域的关键一环，肩负着为国家输送高素质、应用型人才的重要使命。回溯历史，1988 年国家教委高教二司编著了《高等学校工科类专业的评估》，其中结合实际案例，深入对比分析了加拿大与美国工程教育专业认证的实践，为我国工程教育评估体系的建立提供了外部视角。而后，同济大学毕家驹教授作为工程教育专业认证和工程师注册制度的积极倡导者，自 1995 年开始发表了一系列文章介绍和分析国外工程教育专业认证的主要情况，提出我国开展工程教育专业认证制度的基本设想[①]。当前，我国工程专业评估的核心目标在于强化国家和行业对高等教育工程专业的监管，确保并提升教育质量，使毕业生能够符合国家注册执业资格考试标准，同时与国际教育标准接轨，促进国际学历互认。本质上，这体现了对工程教育"成果导向"（Outcome-Based Education，OBE）的追求，即关注学生的学习成效而非单纯的教学过程。

以认证探索期试点的建筑学本科专业为例，其教育评估聚焦于专业教育的整体水平与质量，重点考查教学安排、教学资源、师资力量等方面的投入，旨在培养具备扎实专业知识、良好职业素养和卓越实践能力的建筑师。在国家建设部的指导下，我国建筑学专业本科—五年制（见表 7.6），教育评估体系全面覆盖了教育质量、教育过程、教学条件三大维度，并特别强调了教育质量中的智育标准，以确保学生能够满足未来注

---

① 毕家驹，沈祖炎. 我国工程教育与国际接轨势在必行[J]. 高等工程教育研究，1995（03）：7—12，20.

册工程师的基本专业要求。这一体系不仅促进了建筑学专业教育的持续改进,也为提升我国工程教育国际竞争力、培养适应全球需求的优秀人才奠定了坚实的基础,参见表7.7。从细化指标体系的设计来看,我国建筑学专业教育评估结论分为四类:

表7.6　上海市属普通高等学校本科教育教学审核评估指标体系

审核项目	审核要素	审核要点
1. 定位与目标	1.1　办学定位	(1) 学校办学方向、办学定位及确定依据 (2) 办学定位在学校发展规划中的体现
	1.2　培养目标	(1) 学校人才培养目标及依据 (2) 专业培养目标、培养规格及依据
	1.3　人才培养中心地位	(1) 落实学校人才培养中心地位的政策与措施 (2) 人才培养中心地位的体现与效果 (3) 学校领导对本科教学的重视情况
2. 师资队伍	2.1　数量与结构	(1) 教师队伍的数量与结构 (2) 教师队伍建设规划及发展态势
	2.2　教育教学水平	(1) 专任教师的专业水平与教学能力 (2) 学校师德师风建设措施与效果
	2.3　教师教学投入	(1) 教授、副教授为本科生上课情况 (2) 聘请行业教师为本科生授课情况 (3) 教师开展教学研究、参与教学改革与建设情况 (4) 实施本科教师教学激励计划的措施与效果
	2.4　教师发展与服务	(1) 提升教师教学能力和专业水平的政策措施 (2) 服务教师职业生涯发展的政策措施
3. 教学资源	3.1　教学经费	(1) 教学经费投入及保障机制 (2) 学校教学经费年度变化情况 (3) 教学经费分配方式、比例及使用效益
	3.2　教学设施	(1) 教学设施满足教学需要情况 (2) 教学、科研设施的开放程度及利用情况 (3) 教学信息化条件及资源建设
	3.3　专业设置与培养方案	(1) 专业建设规划与执行、专业特色的形成 (2) 专业设置与结构调整,优势专业与新专业建设 (3) 专业培养方案的制定、执行与调整,与人才培养目标的符合程度 (4) 学科建设计划中对本科专业建设的举措与效果

审核项目	审核要素	审核要点
	3.4 课程资源	(1) 课程建设规划与执行 (2) 课程的数量、结构及优质课程资源建设 (3) 教材建设与选用
	3.5 社会资源	(1) 合作办学、合作育人的措施与效果 (2) 共建教学资源情况 (3) 社会捐赠情况
4. 培养过程	4.1 教学改革	(1) 教学改革的总体思路及政策措施 (2) 人才培养模式改革，人才培养体制、机制改革 (3) 深化创新创业教育的措施与效果 (4) 教学及管理信息化
	4.2 课堂教学	(1) 教学大纲的制订与执行 (2) 教学内容对人才培养目标的体现，科研转化教学 (3) 教师教学方法，学生学习方式 (4) 考试考核的方式方法及管理
	4.3 实践教学	(1) 实践教学体系建设 (2) 实验教学与实验室开放情况 (3) 实践教学的落实及效果
	4.4 第二课堂	(1) 第二课堂育人体系建设与保障措施 (2) 社团建设与校园文化、科技活动及育人效果 (3) 学生国内外交流学习情况
5. 学生发展	5.1 招生及生源情况	(1) 学校总体生源状况 (2) 各专业生源数量及特征
	5.2 学生指导与服务	(1) 学生指导与服务的内容及效果 (2) 学生指导与服务的组织与条件保障 (3) 学生对指导与服务的评价
	5.3 学风与学习效果	(1) 学生学习态度、学风建设的措施与效果 (2) 学生学业成绩及综合素质表现 (3) 学生对自我学习与成长、宿舍文化建设的满意度
	5.4 就业与发展	(1) 毕业生就业率与职业发展情况 (2) 用人单位对毕业生评价

审核项目	审核要素	审核要点
6. 质量保障	6.1 教学质量保障体系	（1）质量标准建设 （2）学校质量保障模式及体系结构 （3）质量保障体系的组织、制度建设及运行情况 （4）教学质量管理队伍建设
	6.2 质量监控	（1）专业自主评估制度的内容与执行情况 （2）专业自主评估的方式和实施效果 （3）教学工作相关方面自我评估及质量监控的方式和效果
	6.3 质量信息及利用	（1）校内教学基本状态数据库建设情况 （2）质量信息统计、分析、反馈机制 （3）质量信息公开及年度质量报告
	6.4 质量改进	（1）质量改进的途径与方法 （2）质量改进的效果与评价
自选特色项目	学校可自行选择有特色的补充项目	

（1）当评估结果为"通过（优秀）"，则认可的有效期限设定为 7 年。这一殊荣的授予，是基于被评估单位在全面满足评估标准的基础上，展现出办学质量的持续稳定与独特特色，同时毕业生质量卓越，二级学科建设完备且均衡，师资力量强大而深厚。

（2）若评估结果为"通过（合格）"，则认可的有效期设定为 4 年。此认可表明，被评估单位在满足评估标准的前提下，已在本地区内建立了一定的办学影响力和认可度。

（3）若评估结果为"基本通过"，则有效期为有条件性的 4 年，特别要求在第 2 年接受一次中期检查。这一结果说明，被评估单位在整体上基本符合评估标准，但在教学条件与要求方面尚存在可识别的不足。然而，通过持续的努力，预计在 1 至 2 年内能够有效克服并改善这些缺陷。

（4）评估结果为"未通过"的学校，须等待两年后方可再次提交评估申请。这一规定旨在给予学校足够的时间进行自我反思与改进，以期在下次评估中达到更高的标准。

表 7.7　我国高等学校建筑学专业本科(五年制)教育评估标准

一级指标	二级指标
教育质量	德育标准:政治思想,职业道德与修养; 智育标准:建筑设计,相关知识,建筑技术,建筑师执业知识,公共课程
教育过程	体育标准思想政治工作; 教学管理与实施:教学计划与教学文件,教学管理,课程教学实施,实习,毕业设计
教学条件	师资队伍、场地条件、图书资料、实验室条件、经费条件

　　总的来说,专业评估的发展根源是来自国外的专业认证(特别是工程和师范专业认证),在此基础上有了专业评估,国内本科专业评估经历了合格评估、优秀评估、随机性评估、水平评估以及独立学院的教育评估等五种形式,2002 年教育部将合格评估、优秀评估和随机性评估三种方案合并为一个,即《普通高等学校本科教学工作水平评估方案》,再后来才有了一流本科专业建设。国际上第四代评估理论特别强调评估过程中政府、高校与社会诸方面的协商对话,评估的目的在于持续改进。在具体方式上,就是"要以专业评价代替行政评价",政府部门要退出评估,把高等教育质量评估交给社会专业评价机构,实行专业评价和社会评价。因而构建现代高等教育治理体系,提高治理能力和水平,"管办评"分离依旧是不动摇的大方向,评估不是管束,而是解放,不是简单达标,而是为学校发展服务。

五、中美本科专业评估指标体系的差异分析

　　美国工程教育专业认证历经几十年的研究和发展,早已成为世界高等教育领域内大家学习、效仿的对象,其认证程序、认证对象、认证模式都给其他各国的工程教育认证带来了极大的影响和视角启发。我国各大高校在构建中国特色的、日趋成熟的工程教育专业认证体系时,仍然需要基于工程专业建设的基本面,再充分借鉴美国工程教育专业认证的成功经验。中国的本科教育教学改革起初都在介绍和引进美国的大学生发展理论,只是进行理论的探讨和文献研究的述评;随后学者们开展了一系列实证

调查研究,明确了高校对大学生发展的具体内容和影响因素,在一定程度上构建了本土化的大学生发展理论;接着学者们运用大学生发展理论,重点对我国高等教育的教学、管理、评价三大方面进行改革;基于大学生发展的视角,学者们提出转变高校人才培养质量评估的范式,开发和完善评估测量的工具①。

　　美国高等院校专业鉴定因为起步早,理论基础扎实,教育实践丰富,一直以来都得到教育评估领域内的高度认可,学习其经验,吸取其教训,对我国专业建设、专业管理和专业评价有促进作用。但是美国是个市场化程度很高的国家,市场竞争渗透到了美国高等教育系统的每个方面。作为独立法人的私立和公立高等学校,为了在激烈的竞争中求得生存和发展,就必须保证和提高教育质量,这使得高等教育评估与认证成为一种自觉的行为。而我国绝大部分高校是公立的,市场机制对高校的调节作用还没有完全建立起来,当前正在开展的工程教育专业认证试点工作基本由政府部门发挥主导作用②,参与的利益相关者和评估的管理操作者不同,也导致了中美专业评估的诸多差异。

（一）指标选取侧重点和关注点不同

　　评估指标是评估目的的集中体现,而不同的评价组织及其所代表的利益相关者群体都会基于自身的利益诉求去商榷指标。中国的评价体系以政府为主导,指标往往体现国家与政府的战略意志,美国作为地方分权制国家,其高等教育评估体系呈现出多元分散的特点。联邦教育部对大学无直接管辖权,各州对州立大学的监管亦有限,私立大学则享有高度自治权。因此,美国的高等教育评估多由民间组织承担,这些组织构成复杂,各自的评价重点不尽相同。例如,《美国新闻与世界报道》的评估广泛涵盖学术声誉、学生质量、师资力量、研究经费等多个维度;而评价委员会则专注于研究生教育,其评价体系侧重于学位点规模、毕业生表现、声誉调查、图书馆资源、研究资助及学术产出等方面。

　　对比之下,中国的学科评价主要由政府或教育评估机构负责,聚焦于研究生教育

---

① 朱红. 高校人才培养质量评估新范式——学生发展理论的视角[J]. 国家教育行政学院学报,2010(09):50—54.

② 张湘,张志英. 美国专业评估与认证制度对我国的启示[J]. 中国考试(研究版),2010(01):45—50.

的核心要素,包括人才培养质量、科研实力与成果、学科方向、学科团队建设等。尽管中美两国在评价中均重视声誉这一指标,但美国的评价体系中声誉的权重更为显著,且涉及社会广泛评价的维度。相反,中国的学科评价更多聚焦于学校内部状况的评估,较少直接纳入社会声誉评价,这在一定程度上反映了两国高等教育评价体系在价值取向与实施机制上的差异。

(二)指标选取和数据处理方法不同

美国的学科评价体系显著特征在于其综合运用定性与定量方法,并能够平衡两者优势。具体而言,学术声誉这一核心要素占据重要比例,往往通过深入细致的定性描述来体现,而师资力量、研究经费等则依托精确的量化数据来评估,确保评价的全面性与客观性。这种结合方式既尊重了学科发展的主观性与复杂性,又确保了评价过程的科学性与透明度。

相比之下,中国的学科评价体系则更侧重于量化指标的构建,力求通过一系列可量化的标准来客观且全面地衡量学科水平。尽管这种方式在提升评价效率与标准化方面具有显著优势,但也可能在一定程度上忽视了那些难以量化却同样重要的定性因素,如学科氛围、组织文化等,这些因素对于学科的长远发展同样至关重要。

(三)指标体系的结果应用不同

在对评价结果的处理上,美国与中国展现出明显的对待差异。在美国,评价结果广泛通过新闻媒体向公众发布,这不仅为学生和家长在选择学校时提供了重要参考,也促使社会各界更加关注学校表现。此外,这种公开透明的评价方式还对捐资机构产生了导向作用,引导它们根据评估结果来决定资金投向,从而促进了教育资源的优化配置。而国内本科专业或学科评价结果主要通过政府文件形式进行公布。政府基于周期性的评价结果,在资源配置上给予重点专业倾斜,这些专业能够获得来自政府和学校层面更多的经费支持,为其后续的发展奠定基础。

第八章　国内外高校本科专业评估案例分析

【核心内容】

　　本章探讨了国内外高校本科专业评估的实际案例，特别是中国和美国在这一领域的不同经验和做法。作为市场自由化程度很高的国家，行业竞争意识已经渗透到了美国高等教育评估系统，尤其是很多私立学校为了在激烈的教育竞争中求得生存，必须保持周期性的认证与评估，以保证和提高教育质量，这使得其高等教育评估与认证成为一种自觉的行为。而在中国，大学基本是公立属性，外部市场机制对高校的调节作用尚未完全形成，之前开展的各种专业认证和学科评估基本由政府部门主导，利益相关者不同也导致了中美本科专业评估中存在诸多差异。

　　上海 A 大学本科教学工作审核评估案例展示了通过检视问题、制定整改举措、优化学科布局和人才培养方案，进一步深化了内部体制机制改革的过程。评估指标体系围绕定位与目标、师资队伍、教学资源、培养过程、学生发展和质量保障六项一级指标展开，评估方法包括数据收集、专家访谈和实地考察。甘肃 B 大学数学与应用数学专业的自评案例中，学校通过内部视角暴露问题，找寻短板，并提出整改措施。评估指标体系包括培养目标、毕业要求、课程与教学、合作与实践、师资队伍、支持条件、质量保障和学生发展八大指标，自评方法包括学生满意度问卷、非结构综合访谈和专家论证会。D 大学学前教育专业和 C 大学小学教育专业的自评案例展示了各自的评估目标、指标体系和操作程序，这两所学校都遵循建构主义调查方法，强调利益相关者的高度参与，并结合质性与量化评估方法进行全面自评，注重整改与提高。

而加州大学伯克利分校公共卫生教育专业评估案例展示了以人才培养特别是本科人才培养为核心，评估指标包括课程开展与实践活动、毕业成果与毕业率、学生参与、师资力量、物资及财政资源投入、信息和技术资源以及学生专业能力。操作程序包括数据收集和分析、院校主导的自评、外部评估委员会实地考察以及反馈环节，特别重视社区参与学校评价和评估。

　　这些案例体现了专业评估不仅是对专业发展现状的检视，更是促进教育质量提升的重要手段。

引　言

在高等教育质量保障体系不断完善的背景下,系统梳理和分析高校本科专业评估的典型案例,具有重要的理论价值与实践意义。一方面,具体案例能够展现专业评估在不同教育体制与社会环境下的操作路径与成效模式,深化对评估制度运行机制与作用逻辑的理解;另一方面,通过对比分析,可以总结出共性经验与特色做法,为完善我国专业评估体系、推动专业内涵式发展提供可借鉴的实践依据。

从国际经验来看,以美国为代表的高等教育体系中,专业评估已经高度制度化和自发化,评估强调院校自主、自我问责与社会责任,注重学生发展成果和学科服务社会的功能,形成了多元参与、标准明确、机制健全的专业评估体系。国内高校则在政府主导下,逐步建立起以审核评估、专业认证和自评整改为主要特征的专业评估模式,强调标准化与规范化,兼顾教育公平与质量提升的双重目标。近年来,随着教育评价改革的推进,国内专业评估实践也在不断探索以改进为导向、强化内外部协同、注重利益相关者参与的新路径。

本章立足于案例研究方法,选取了具有代表性的国内外本科专业评估案例,包括国内研究型大学和地方本科院校的审核评估与专业自评实践,以及美国加州大学伯克利分校公共卫生教育专业的自我评估实践。通过宏观梳理与比较分析,揭示不同制度环境下专业评估的理念演变、组织机制与操作特征,旨在为我国高校专业评估体系的优化发展提供经验启示与理论支持。

一、教育教学工作审核评估案例

上海作为国内高等教育战略高地之一,在本科专业评估方面既是领头羊,又是先锋者,在充分借鉴国外优秀经验的基础上坚持本土化的守正创新,落地了很多卓有成效的评估实践。上海市教育委员会分别于 2013 年和 2015 年颁布了关于高校本科专业达标评估的两个文件,其附件均为《上海高校本科专业达标评估指标体系》,我们分别称之为 2013 版和 2015 版。2021 年 1 月 21 日,教育部印发《普通高等学校本科教育教学审核评估实施方案(2021—2025 年)》,启动了新一轮的审核评估。根据上海市教育委员会的统一部署,上海各大高校也在 2024 年陆续开展了本科达标评估。"上海方案"要求上海本地高校增加自评指导环节,学校可申请市教育评估院协助成立自评工作专家组,通过线上线下的方式帮助学校做好自评环节的分析和指导工作。各大高校根据上海教委要求,也积极开展面向全校各大专业的本科教学工作审核评估,并基于评估中发现的问题提出了切实可行的整改方案。下面以上海 A 大学 2017 年度的本科教学工作审核评估为例,剖析上海高校在大规模的本科教学工作审核评估中的关注维度和评估程序,透视高校在专业建设上的改善举措。

(一)评估目标

作为以化工类专业见长的知名大学,A 大学的办学定位一直是"国际知名、特色鲜明、多学科高水平研究型大学",为持续检视人才培养水平、评估本科教育质量、优化专业建设的成效,学校积极开展面向全校的本科教学工作审核评估工作,旨在通过检视问题,制定整改举措,全面优化调整学科布局和人才培养方案,并进一步深化内部体制机制改革,打造一流本科教育工程,系统推进教育思想、教育内容、教育方法和课程体系改革,从观念、制度、政策、机制、投入上全面保障本科教学中心地位,不断提高教育质量和社会服务的水平,确保本科专业建设和教学质量居全国及上海市高校前列。

(二)评估指标

本次全面本科教学评估,基于评估目标,围绕定位与目标、师资队伍、教学资源、培养过程、学生发展、质量保障等六项一级指标,制定了 24 项二级指标,下面对不同评估指标的核心关注点做了梳理,见表 8.1。

表 8.1　A 大学本科专业教学评估指标体系

一级指标	二级指标	一级指标	二级指标
定位与目标	办学定位	培养过程	教学改革
	培养目标		课堂教学
	人才培养中心地位		实践教学
			第二课堂
师资队伍	数量与结构	学生发展	招生及生源情况
	教育教学水平		学生指导与服务
	教师教学投入		学风与学习效果
	教师发展与服务		就业与发展
教学资源	教学经费	质量保障	教学质量保障体系
	教学设施		质量监控
	专业设置与培养方案		质量信息及利用
	课程资源		质量改进
	社会资源		

1. 定位与目标

主要评估的是办学的性质和人才培养的目标与实际发展的偏差,关注的是学校的办学定位、办学理念,回答的是学校发展目标是什么,依据是什么,学校教师、学生及校友对学校办学定位、办学理念、发展目标的认可程度如何。人才培养总目标和专业办学定位的契合度多少,这一指标是为了审视学校办学方向和定位是否符合经济和社会发展需要。

2. 师资队伍

师资作为本科专业教学评估的核心指标,关注点在于教师队伍的数量与结构,这是一个动态的指标,除了评估当前学校专任教师的数量及结构如何(职称结构、年龄结构、学缘结构、学历结构等),能否满足教学要求,聘请境外教师承担本科生教学情况如何,还关注未来的人才引进和人才育成的发展态势。此外,还着重评估了教师教学投入,比如教授、副教授为本科生上课情况,教师开展教学研究、参与教学改革与建设情况。

3. 教学资源

优质教学资源供给充足、分配科学合理是专业良性发展的质量保障。二级指标包括教学经费、教学设施、课程资源、社会资源。经费关注的是学校投入本科教学经费的总量和生均数量，以及各项经费支持的比例是否合理；教学设施除了审视常规实验室、图书馆的开放和配置外，还关注信息化条件、网络资源及数字教学资源的建设；课程资源考核的是学校课程总量与课程结构，包括双语课程、实践课程、资源共享课、视频公开课占比，是否符合培养目标需要；社会资源更宽泛，关注的是校企合作办学、合作育人的措施与效果、共建教学资源情况以及社会捐赠情况。

4. 培养过程

审视学生培养的全过程，是 A 大学本次本科专业教学评估的重中之重，首先着眼于对过去一段时间内学校所实施的教学改革措施进行梳理和总结，在此基础上聚焦人才培养。这里的培养过程既包括对当前课堂教学及日常考核方法的检视，也包括对专业的实践教学的考查，即考查实践教学体系建设、实验教学与实验室开放情况、实习实训、社会实践、毕业设计（论文）的落实及效果。该指标回答的是学校在人才培养模式、教学内容与课程体系、教学方法与手段、教学管理等方面改革取得的成效。

5. 学生发展

这一综合指标全面审视了教育过程中的关键环节，具体聚焦于招生及生源情况、学生指导与服务、学风与学习效果，以及就业与发展几大维度。它不仅以招生和就业情况为直观镜像，深入剖析学校总体及各专业生源的数量构成与结构特征，还进一步探索了学校在既定条件下所采取的多元化策略，旨在提升生源质量及其成效。

6. 质量保障

这一指标其实是对评估过程其他指标的监控，考查的是自我评估及质量监控的实施效果。关注的是学校是否采取有效方式对教学全过程进行实时监控？是否建立了完善的评教、评学等自我评估制度？效果如何？

（三）评估方法与程序

本次评估，学校在教委的整体要求下，采取定性与定量结合的方法收集原始数据，通过自评和专家审议并行进行问题审视和整改举措拟定。

1. 数据收集

首先,学校基于已有的本科教学基本状态数据库平台,实现常态、及时、综合的数据管理与收集,获取师资、教学、设备使用等指标的详细数据;其次,按照从"非常不满意"到"非常满意"五个维度制作满意度问卷,围绕"学校培养模式及方式""培养方案设计和课程""教学质量和教学水平""教材水平""教学条件和保障建设水平""教风、学风、考风建设情况"以及"毕业环节内容安排"七项内容面向全体学生进行数据收集,以调研学生整体对学校教学的满意度情况。

2. 专家访谈

在访谈人员的选取上,学校兼顾了学科专家、上海教委管理者、学科部分骨干等人群,采集不同的声音,形式上分为一对一深入访谈和3—4人小组座谈的形式,主要围绕指标达成情况检视问题,并商讨整改方向。操作上都是提前5分钟告知被访谈单位。

3. 实地考察

学校还邀请专家团队进行校园实地考察,包括实验室、图书馆、实训基地等场地,实地了解各大学院、专业在教学、科研仪器设备等方面的配置情况和规则,了解本科校内实验、实习、实训场所及设备使用情况,考察结束后,当天召开专家意见反馈会。

4. 评估整改

本次本科专业教学评估结束后,A大学结合评估专家意见,形成了非常详细的《关于A大学本科教学工作审核评估专家组的评估报告》,对专业发展及教学实施中发现的系列问题,做了翔实的审视和梳理,在此基础上,逐条分析问题归因,成立了整改工作领导小组,由学科与专业发展规划处牵头制定了《A大学本科教学工作整改方案》以便切实推进审核评估整改工作。

总的来说,学校通过校内学生问卷调研、专家深度访谈、观摩课堂、检视毕业论文质量、实地走访教学实验基地等多种形式,综合学校《自评报告》《教学状态数据分析报告》和《本科教学质量报告》所反映的情况,专家组合议之后,形成了专家组的反馈意见。评估方法上也是定性和定量结合、座谈和实地观摩并行,保证数据来源丰富,由自检到自主汇报,再到专家论证,最后提出整改方案,形成完整的评估闭环,整个过程既体现了上海市教委以评估推动高校建立立德树人落实机制力度,强化评估结果刚性和评估整改力的要求,也体现了在承接评估要求的基础上的改革创新。

二、专业自评的实际案例分析——以 2023 年 B 大学数学与应用数学专业自评为例

B 大学是甘肃省属普通本科院校,2001 年升本改制为 B 大学。学校现有 70 个本科专业,覆盖 12 个学科门类,已形成以教师教育为底色,生态农业、医疗卫生、应用文理、工程技术融合发展的学科专业体系。2023 年,学校开展系列专业评估,并将专业认证和本科教育教学审核评估工作有机结合,开展校内自评,择优推荐 2024 年参与认证的专业,系统化设计认证工作方案。下面以该校数学与应用数学专业自评为例,进行专项案例分析。

(一)评估概述

B 大学首次参加专业评估,高度重视以评促建,把评估专业内涵建设作为重要抓手,其中专业自评可以在熟悉专业认证的标准和指标体系的基础上,结合自己的实际办学情况,全面梳理专业办学基础条件和人才培养质量,体现对国家评估方向的精准理解。数学与应用数学专业在最新校友会 2023 中国大学被认定为 A 级,也是甘肃省特色专业和甘肃省一流专业,围绕专业认证标准,从培养目标、毕业要求、课程与教学、合作与实践、师资队伍、支持条件、质量保障以及学生发展等方面进行非常详细的专业自评,以期审视专业发展的短板,同时开展自我评估能够健全质量保障体系、完善信息公开制度。

(二)自评目标

数学与应用数学专业是 B 大学历史最悠久的教学单位之一,作为 A 级学科,一直是学校本科教育教学改革的重点建设目标。专业自评作为专业认证的首要环节,能够通过内部视角暴露问题,找寻短板,既能增加学生对专业的认同度和满意度,增强专业

社会责任意识、回应国家关切,也是向社会展示数学学科风貌和办学特色、宣传办学理念和教学成果的途径。

(三) 自评指标

B大学数学与应用数学专业在 2023 年的专业自评中,围绕培养目标、毕业要求、课程与教学、合作与实践、师资队伍、支持条件、质量保障、学生发展等八大指标,审视在专业实际建设中的达成情况和存在的问题,了解学生和专业管理者的利益诉求,并提出整改措施。其中,核心关注点是师范人才培养体系,即聚焦师范生能力培养,改革培养体制机制,人才培养机制体现专业特色和优势,所输送的人才能够为企业、教师、教学管理人员及其他利益相关方所理解和认同。

(四) 自评方法与程序

1. 学生满意度问卷

学校通过问卷调查,了解数学与应用数学专业不同年级的学生对专业课程、实践活动、教学设备、课堂教学的满意度情况,通过量化分析找到学生视角下满意度较差的环节,透视专业发展的短板和待改进之处。

2. 非结构综合访谈

学校选取行业专家、杰出校友、优秀毕业生等核心利益相关者进行非结构化访谈,不同的利益相关者,访谈的维度不同,如校友圈关注知识结构、专业素质、教学技能等专业要素与其工作岗位要求的契合程度;了解同行专家和本专业教师对课程体系、课程设置和教学大纲合理性的评价。对于在读学生群体,更多关注其对课程满意度的间接评价,结合问卷数据,辅助进行成效及问题判断。

3. 数据采集

师资队伍、支持条件、课堂教学质量等指标数据来自学校数据平台的整理采集,比如理论课和部分实践课的评价数据来源于学生课堂表现、课后作业、期中考试成绩和期末考试成绩;实习、见习类课程的评价数据来源于学生的自评、小组互评、校内和校外指导老师的评价数据;毕业论文的成绩来源于指导老师评分和答辩小组评分的综合评分。

4. 专家论证会

学院圈定专业建设的利益相关者后组织专家论证会,论证专家包括行业专家、一线教师、学校教学管理人员、优秀校友代表等。专家论证会首先聚焦培养目标的检视,在深入理解师范专业认证标准基础上,依据各方对 2019 版人才培养方案的培养目标的合理性评价意见,学院又对 2019 版数学与应用数学专业人才培养方案的培养目标进行了修订,以期培养目标进一步契合国家、甘肃基础教育改革发展和教师队伍建设的重大战略需求。另一方面聚焦审视中发现的问题,如"毕业要求的评价体系相对单一,评价办法不够全面""毕业生师德体验不足,师德体验与实践环节有待加强"等问题进行专题研讨,并逐条探讨整改方案。

B 大学数学与应用数学专业自评作为专业认证的首要环节,系统梳理了专业发展每一项指标当前存在的问题,并对照专业认证标准,从培养目标、毕业要求、课程与教学、合作与实践、师资队伍、支持条件、质量保障以及学生发展等方面汇报了整改方案,明确整改措施、整改责任人以及整改完成时限,整体结构完整,思路清晰,也成立了专门的组织。不足之处在于,一方面,部分问题归因于资源限制,而整改举措短期内难以执行,如"师资队伍的国际化不足,拥有国(境)外研修经历的教师数量很少"。另一方面,一些整改举措仍然不够具体,如"专业课的教学多元化有待进一步加强",在引导学生开展自主、合作和探究性学习,创设深度学习情境,积极推进问题解决学习、项目学习和研究性学习等方面尚没有具象化的改善举措。

三、国内两个本科专业认证自评案例对比分析

教育学专业的评估主要聚焦于高等学校中该专业的教育质量,这是衡量其办学水平的关键环节。评估的核心目的在于汇总教育实践中的宝贵经验,识别并剖析培养过程中的不足之处,进而持续革新教学内容、方法及管理体系。通过这一过程,上级主管部门能够洞悉学生培养中普遍存在的、具有指导性和政策性的问题,从而更有效地实施宏观管理和指导。在具体的评估实践中,教育学专业的评估涵盖了多个方面,包括但不限于教学质量、课程设置、师资力量、学生发展等。评估结果通常以等级形式呈现,如 A、B、C 等,用以衡量各高校教育学专业的整体水平和表现。在几乎所有的评估

实践中,都是以专业自评开始,再辅之以专家进行综合评价。对学校来说,肯定更熟悉自己专业的资源投入、师资力量、硬件设施、教学效果,更容易收集到一手资料对自身专业进行深入性剖析,因此,自评一直发挥着非常关键的作用。

下面选取教育学专业下 C 大学小学教育和 D 大学学前教育的自评报告,进行案例比对分析,通过比较两所学校的指标选取、体系设计、评估程序与操作来探析不同层级高校教育学大类评估实践的异同和评估考量情况。

(一)D 大学学前教育专业自评

D 大学学前教育专业是所在省首批设置的学前教育专业点,于 2003 年获批硕士学位授权点,2020 年获批博士学位授权点。学前教育专业以"优势学科,强势实践"为办学特色,坚持实施"宽口径、厚基础、重实践、强能力"的人才培养模式,注重通识素养和专业教育的渗透融合,凸显理论先导和实践贯通的有机统一。依托儿童图画书教育研究基地及儿童融合教育研究中心等平台,该专业在绘本教育、早期阅读、学前融合教育等方向上的优势明显。据中国科教评价院发布的 2022 年"中国大学教育分专业类竞争力排行榜",本专业排名等级为五星,在参与排名的 423 所高校中位居第 11 名(11/423)。

1. 评估概述

D 大学学前教育专业建于 1984 年,初招专科学生,学制两年。1993 年设立本科,学制四年,授予教育学学士学位。2003 年获批学前教育学硕士学位授权点。2022 年省教育类专业认证评估中,D 大学首次针对本校的国家级一流本科专业——学前教育专业进行了系统的专业评估。本次专业评估主要是以学前专业为对象,依据学校的评估标准,利用多种评估手段,通过定性分析,深入了解学前专业的教育理念、课程设置、师资力量等软性指标的内涵与特点。而定量分析则通过数据化的方式,直观展现学生学业成就、就业率、师生比例等硬性指标的达成情况。两者相辅相成,共同构成了对学前专业较为全面而准确的评价体系。

2. 评估目的

学校整体的办学定位是"建设国内一流综合性师范大学"。学前教育作为学校的国家级一流本科专业,旨在培养具有良好思想道德品质、扎实的学前教育专业知识,能在保教机构、教育行政部门以及其他相关机构从事保教、研究和管理等方面工作的复合型人才。通过专业评估,检视专业建设的过程性投入与成效,确保本专业人才培养目标服务于学校这一本科办学的基本定位,专业输送的人才符合国家、社会用人需求。

3. 自评指标体系

学前教育专业自评主要围绕培养目标、毕业要求、课程与教学、合作与实践、师资队伍、支持条件、质量保障、学生发展等八大指标,评价专业实际建设中的达成情况、主要问题,并提出改进措施。详见表8.2。

表 8.2　D 大学学前教育专业自评指标体系

一级指标	二级指标
培养目标	达成情况
	主要问题
	改进措施
毕业要求	达成情况
	主要问题
	改进措施
课程与教学	达成情况
	主要问题
	改进措施
合作与实践	达成情况
	主要问题
	改进措施
师资队伍	达成情况
	主要问题
	改进措施
支持条件	达成情况
	主要问题
	改进措施
质量保障	达成情况
	主要问题
	改进措施

一级指标	二级指标
学生发展	达成情况
	主要问题
	改进措施

各指标的检视内容环环相扣,比如:专业培养目标检视的是专业在人才培养中是否落实党的教育方针和国家教师教育相关政策和改革要求,是否符合学校本科人才培养目标定位;毕业要求是针对2019版培养方案中的毕业要求进行问题检视,学校毕业生的能力素质要求是否存在更新选项,同时增加专业毕业要求对专业培养目标的对应支撑关系检视;课程与教学考查的是课程设置是否符合幼儿教师专业标准和教师教育课程标准;合作与实践考查的是校内外培养机制,与地方教育行政部门和幼儿园建立权责明晰、稳定协调、合作共赢的"三位一体"协同培养机制,能否形成学前培养、培训、研究和服务一体化的合作共同体;师资力量是保障人才质量的关键因素,主要检视专任教师数量以及结构是否能够适应本专业教学和发展的需要,能否达到生师比不高于18:1;支持条件和质量保障考查资源投入和硬件保障的实际执行程度,例如专业建设经费是否满足师范生培养需求,教学日常运行支出占生均拨款总额与学费收入之和的比例达到多少,并在资源投入足够的情况下关注教学质量保障情况。最后,学生发展更多关注的是毕业生就业、市场认可和影响力,未来能否吸引志愿从教、素质良好的生源。

4. 自评操作

D大学本次学前教育专业评估采取的是制度文本分析和访谈座谈结合的形式。首先是对2019版学前教育培养方案进行文本检索,是否适应最新的专业发展要求,并通过学生座谈会,借助评教等途径听取师范生对培养目标合理性及达成度的反馈;其次,筛选与专业发展核心相关的八大指标,以此为检视视角,围绕现状收集信息;最后,建立专业评估网络交流平台、循环收集意见,通过拓宽专业评价参与主体范围,成立与用人单位、毕业生等相关利益方保持密切联系的评价小组(小组核心成员考虑地区性和各类幼儿园的代表),以确保多形式、多途径激励引导各利益相关方参与目标评价工作,并尽可能多维度地征集改进措施和意见。

评价和修订全过程都有利益相关方参与,比如对人才培养目标的检视,主要采用全院教师、用人单位代表、学校督导组座谈会的形式进行自查自检。而培养目标的修订，则由学部组成工作小组，主要由院长、教务办公室、学工部和专业负责人以及教研室主任等组成评估小组，通过前期调研及研讨，由专业负责人执笔，对培养目标进行修订，然后由工作小组召集不同范围论证会，对培养目标的合理性进行论证。

（二）C大学小学教育专业自评

C大学建立于1975年，2006年升格为本科院校，2013年成为省公费师范生试点学校。2016年获批省整体应用转型试点高校、自治区"西部一流"学科建设单位。2018年，获批硕士学位授予单位、自治区高水平本科教育试点学校、自治区人工智能助推教师队伍建设试点学校。2019年开展本科专业自评，并最终通过了教育部本科教学工作审核评估。

1. 评估概述

C大学小学教育本科专业是在2000年教育科学学院（当初称初等教育系）开设的初等教育专科专业（有文科、理科两个方向）基础上设置的。2007年开始本科层次招生，至今已有10届毕业生。2015年开始招收公费师范生，培养"小学全科教师"。同年，小学教育专业硕士研究生开始招生，形成了从普通本科、公费师范生到教育专业硕士的人才培养体系。本次评估也是该专业首次参评，主要是基于专业发展水平，与培养目标对齐为重点，检视是否符合学校坚守师范教育特色、健全师范教育体系的大方向，并进一步更新《C大学小学教育专业认证标准》。

2. 评估目的

C大学基于国家对小学教育专业教学质量的合格要求，对本校小学教育专业开展师范类专业认证自评，通过自查自评，盘查当前专业发展中的办学方向、师资队伍、教学条件与利用、专业课程建设等方面存在的问题，进一步厘清评估工作的目标、思路和措施，明确专业未来的建设和发展方向。

3. 自评指标体系

C大学小学教育专业2019年的专业自评中，与D大学的情况类似，围绕培养目标、毕业要求、课程与教学、合作与实践、师资队伍、支持条件、质量保障、学生发展等八大指标，评价专业实际建设中的达成情况、主要问题，并提出改进措施。其中，核心关注点仍是人才培养，即专业是否能培养胜任小学全科教育教学及管理工作的应用型专门人才。

4. 自评操作

学校在组建评估小组后,对流程涉及的相关人员的角色和责任作了明确的定义后开展系统性自评。首先是收集专业评估的支撑材料,这是对自评报告中描述内容的佐证,其本身并不是自评报告的一部分,包括:原始教学基本状态数据、教学文档、教学管理文件、课程评价、问卷调查等,而且留存电子或纸质文档供专家进校查阅。其次,专业管理者对收集的数据、证据和资料进行分析解释,比如培养目标的评估中,需要描述并举证专业发展的实际场景,说明专业采取多种途径让培养目标和专业资源的投入能够为本专业师范生、教师、教学管理人员及其他利益相关方理解、认同。再次,采取问卷和座谈相结合的形式,一方面,学院先后多次组织在校生代表召开座谈会,针对专业发展中的问题,收集反馈意见;另一方面,学校专业教师利用指导实习生在固原市、原州区的实习基地实习机会,通过访谈和调查问卷的方式对专业认证的情况进行合理性意见征求,比如,毕业要求这一项指标,抽样 2021 届毕业生大学四年课程作为评价课程进行直接评价,同时通过调研与问卷方式,征求 2016—2020 届毕业生和用人单位意见,进行毕业要求达成度问卷评价。最后,是在利益相关者参与下的合议定论。邀请学生代表、其他专业同行、教学委员会、用人单位代表进行综合考评,并讨论各指标优化的方向,形成专业未来改善性建设的指导方针。

(三) 两所大学专业评估的比较分析

1. 都遵循建构主义调查方法

在古贝与林肯合著的《第四代评估》中,他们详细阐述了第四代评估流程,这一流程涵盖了从订立评估协议到持续再循环的 12 个关键步骤,并形成一个再循环的动态评价过程,通过不断反思、整改与再评估,实现持续改进。两所学校的自评都是一个动态且自我驱动的过程,要向教育行政机构提交详尽的《自评报告》,该报告由学院专业管理者细致审阅,重点展示前一阶段存在的挑战、已识别的问题及所采取的改进措施。学校据此进行实质性的改进工作,并适时更新评估报告内容。这一过程中,教育行政部门指定的认证机构将对自评报告进行深入分析,提出权威性的结论与建议,学校则需积极响应这些意见,进行必要的整改,以确保评估目标的实现,从而形成一个基于评估问题探究与解决讨论的螺旋上升的循证建构。

2. 自评程序略有差异,但是都强调利益相关者的高度参与

C大学是采用问卷调查来收集数据,并邀请区教育室主任、知名小学校长来校座谈,辨别澄清问题。而D大学的小学教育则是以校内专家组的线上风暴、线下各种形式的座谈与专题研讨来进行专业自评,但是两所学校都高度重视不同利益相关者在评估中的声音价值和重要角色。从利益相关者角度看,专业认证涉及学校、二级学院、专业教师、学生以及用人单位尤其是毕业生的就业单位的评价,对于师范专业认证理念成果导向具有重要的意义。在两所高校所开展的自评、认证实践的过程中发现,一方面专业评价小组的构成主要包括专业负责人和专任教师,同时也邀请了用人单位代表和校友代表参与各种形式的讨论与座谈,形成了领导、老师、毕业生、校友、企业全参与的协同评价机制;另一方面,在识别出专业建设存在的问题时,也是基于不同利益相关者的意见整合后积极调整举措,如两所学校培养目标的优化都是经过不同角色的充分调研,反复商定,集聚集体智慧完成的,最后得到本专业师生、教学管理人员及其他利益相关方的充分理解认同,确认不同的声音汇集其中并得到正向、及时的响应。

3. 质性与量化评估方法的综合运用,注重整改与提高

量化评价是我国高等教育质量保障体系的重要手段,具有评价结果比较直观、便于排序与比较的特点。两所学校的自评实践都体现了在第四代评估理论的主张下,回应式建构的过程,并在多方利益主体的协商下表达自己对于专业发展多元价值取向与利益的诉求。以"毕业要求"的检视为例,C大学小学教育专业自评过程中对于毕业要求和课程目标达成度的评价机制做了完整表述。在毕业目标达成度层面对小学教育专业毕业生、专业教师、兼职教师、辅导员、学部领导及教学管理人员、校外专家、用人单位和学生实习实践单位等利益相关方每年进行一次专业回访,确保毕业要求能够支撑培养目标,并在师范生培养全过程中分解落实,人才输送让社会满意。而D大学学前教育专业在自评中,成立了毕业要求达成度评价小组,收集相关材料并对材料进行质性分析和量化统计,得出最终结论,提出改进建议进行公示,并根据从毕业要求到课程考核的闭合回路来进行总体设计,遵循过程性评价和结果性评价相结合、定量评价与定性评价相结合的原则,结合课程、综合实践活动以及学生调查反馈情况,建立了毕业要求达成度评价机制和方法。

4. 都强调内外结合,重视与师范生就业市场的互动性评估

第四代评估理论倡导参与者的协商互动,各方参与才能使利益得到制衡、资源分

配更加公平①。在专业认证过程中,学校作为评价主体,通过对评价专业的调研、考察、交流,结合评估目标,设置了合理的认证指标体系,而通过与市场,即用人单位的交流反映自身的诉求,以期使评价标准更客观,认证结果更公正,更符合市场的用人标准,映射专业建设的成效。两所大学的评估报告中都强调:师范生的就业市场集中在基础教育单位,教育单位不但能够为学校建设提供追踪反馈机制,对于师范生的在校表现、职业发展、教学水平与技能增长情况、开展教学研究情况都可以进行掌握。标准的多个内涵指向的是高校培养的不只是达到毕业要求的毕业生,而是具有一定教育情怀、能够服务于地方教育事业发展的、能补齐教育短板并拥有自我发展能力的基础教育教师。

四、加州大学伯克利分校公共卫生教育专业评估案例

美国高等教育领域的各种专业评价比中国发展起源更早,类别更多,其中专业质量评估包括大学认证、专业认证、专业审核、学习成果评估等多个项目,而且美国有关认证的理论研究已比较成熟,包括认证标准的制定、认证学校自评与外部认证结果的利用与处理、认证的组织与职能、对认证机构的认可等都已形成一整套具有高度可操作性的体系,也有很多值得国内借鉴的评估模式和实战案例,如加州大学伯克利分校的本科教育专业问责报告。

加州大学确保卓越办学质量的一大关键途径便是其全面而深入的专业问责与三方机构审查制度。其"Program"一词,不仅涵盖了传统意义上的各类专业,如经济学、计算机科学等,还广泛延伸到了研究机构,体现了加州大学在促进学术研究与教学质量并重方面的独特视角。这与国内的"专业评估"相类似,但加州大学的评估更为广泛和深入。加州大学自 20 世纪 70 年代起,每 8 至 10 年便对所有专业及研究机构进行一次综合性的评估。该评估工作由教务长办公室与学术委员会联合主导,构成了一个权威且专业的评估团队。他们共同负责评估各专业及研究机构在教学、科研及社会服

---

① 吴俊雅.基于第四代评估理论的师范类专业认证改进路径研究[D].桂林:广西师范大学,
2022.

务三方面的表现与成效,这是加州大学内部自我完善、持续提升的重要机制。这部分以加州大学伯克利分校公共卫生学院公共卫生教育专业为例进行案例分析①。

(一) 评估概述

伯克利分校的专业评估有很深的社会历史渊源。加州大学伯克利分校坐落在讲Cho chen yo 语的 Ohlone 族人的土地上,学校自 1868 年成立以来,伯克利社区的每一位成员都曾经并将继续受益于这片土地的使用和占有,因此,学校一直倡导与社区相包容的、多样性的价值观,有责任承认并改善大学与原住民的关系且得到认可。学校一直以来都接受行业协会等外部机构的专业认证。作为密西西比河以西唯一一所获得认证的公共卫生学院,伯克利的公共卫生教育有完整的本科生、硕士生、博士生培养体系,获得全美唯一的医学博士和预防医学住院医师培训课程的认证,也是加州大学伯克利分校校园内第一个成立多元化办公室的学院。所以公共卫生学院评估本身就具有前瞻性,并带着学校的使命感去做问责和自检。同时学院也是借着每年参评的机会,全面审视各专业建设的问题,并由利益相关者评估其机遇、挑战和未来发展计划。

(二) 评估目标

在公共卫生专业自我评估中,国内高校往往完全沿用或仅细化外部评估指标体系,侧重于学科的声誉、地位、成就排序,以结果性、数据性的指标为主。而伯克利分校的专业内部评估,则侧重于学科建设的内涵实质,以过程性问题、发展性问题为主,既回答"现状怎么样""存在什么问题"等外部关注的问题,更要回答"造成了这些表征性问题的深层理念问题、布局问题、举措问题"。就是说从"被动问责"转向"主动问责",给社会提供全面了解公共卫生专业的"小百科全书"。此外,秉承"大学的边界就是州的边界"理念,公共卫生专业的评估也充分体现学生的社区服务,如评估专业如何解决加州服务不足的社区医疗需求情况,等等。

---

① University of California, Berkeley School of Public Health. Final Self-Study Report[R/OL]. [2025 - 06 - 09]. https://drive.google.com/file/d/1jbxhkdDPXdJqqZkUuOJQu4KZR6gHIBAq/view?usp=drive_link.

（三）评估指标

伯克利分校公共卫生教育学院围绕七大核心指标开展专业自评：

1. 课程开展与实践活动
2. 毕业成果与毕业率
3. 学生参与
4. 师资力量
5. 物资及财政资源投入
6. 信息和技术资源
7. 学生专业能力

伯克利分校作为顶级公立大学，评估指标的显著特征是人才培养特别是本科人才培养处于绝对核心位，关注点更围绕资源配套，即专业建设发展的物质基础对学生培养质量的正负影响，指标选取和评估重点关注人才质量增值，比如"毕业成果与毕业率"是通过对比入学前与当前状态，考查学生能力增值情况，包括学生分析或讨论全球问题的能力、与不同文化/背景的人一起工作的能力、演讲能力、人际交往能力、阅读和理解学术资料的能力、图书馆和在线信息研究能力、定量（数学和统计）等方面能力的提升情况。再比如"课程开展与实践活动"是通过十分微观的精细化问题设计，深度考查学生课堂体验特别是研究式学习体验，包括：在课堂内外讨论有争议性问题的情况，与教师就课程中产生的问题和概念进行沟通的情况，参与课堂讨论的情况，参加小型研究型研讨会情况，并让学生回应如何改善课程以实现课程目标。

（四）操作程序

在正式评估开始前，公共卫生教育学院先梳理了学院或专业为所有教学评估所建立的决策结构，比如，列出学校的常设认证委员会和公共卫生教育评估的特设委员会，并指定适当的委员会或个人负责本次评估的决策和评审，制定有效的行政管理程序，以证实其有能力完成评估使命和目标，并符合评审条件。

具体来说，前期是先遴选外部审查委员会成员，并以文本形式明确其评估中的角色、职权和义务，其中外部审查员一般 3—5 名，由知识渊博、德高望重、经验丰富的外部专家组成外部审查委员会(ERC)。展开评估后,伯克利分校公共卫生教育学院专业评估的内部评议流程包括四个阶段:学校主导的数据收集和分析;院校主导的自评;外部评估委员会实地考察;系所和学术委员会给予反馈。其中数据收集投入的精力和关注度非常高,加州大学公共卫生教育专业就读经历调查问卷包含学习投入、社会活动参与、专业满意度等方面的将近 400 个问题[①]。

在加州大学系统中,校长办公室下的院校研究部门承担着数据收集与分析这一关键职责。当详尽的调查数据汇聚成数据池后,这一部门会将所有数据清洗后集中展示于信息中心的专业网站上。这一举措不仅确保了数据的透明度与可访问性,更为全校师生及外部利益相关者提供了深入了解学校运行状况与学科质量的窗口。紧接着,各分校的院校研究办公室会从庞大的问题库中精心挑选,最终锁定约 400 个关键问题中的精髓部分。这些问题被精心设计,旨在精准捕捉并反映各学科领域的独特质量特征。随后,研究办公室会利用这些精选问题产生的数据,为评估专家组成员、学术委员会成员以及公共卫生教育等关键领域的所有相关人员,提供详尽而深入的数据分析结果。这一流程确保了评估工作的精准性与针对性,为后续的决策制定与改进措施提供了坚实的数据支撑。伯克利分校学科评估主要使用常模参照方法分析和展示就读经验调查结果(见图 8.1)。院校研究部门展示学科(专业)层面的平均结果,这样通过层层比较,可以看出不同年级的学生在每一项指标上的异同。

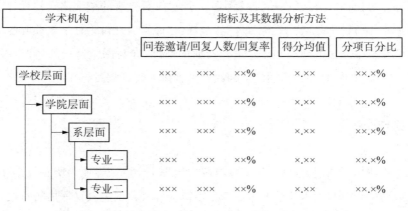

图 8.1　专业审核中展示学生就读经验调查结果示意图

① University of California System Information Center. UC Undergraduate Experience Survey (UCUES) Data Tables [EB/OL]. (2020 - 03 - 16) [2025 - 06 - 7]. https://www. universityofcalifornia. edu/infocenter/ucues-data-tables-main.

公共卫生教育学院基于数据完成专业自评报告后,学校安排外审专家开始入校评估活动,并制定了非常详细的外部评审委员会(ERC)日程表,包括外部审查委员会访问校园、实验室等场地。外部审查委员会基于实地调研的情况,要对公共卫生教育学院教学与科研环境、师资队伍及授课、学生论文及实训等进行评估,还要对公共卫生教育学院的评估过程提出问题和异议。

最后,公共卫生教育学院回应外审专家报告和学术委员会评价的反馈意见。

此外,伯克利分校的专业评估非常重视社区参与学校评价和评估,以及学生参与社区的服务成果,强调社区利益相关者参与数据收集的很多环节。完成专业数据评估后,学院委员会(FAC)将对人事任免以外的其他重要议题进行集体讨论和决策,接收议题审议的投票信息,并向院长提出行动建议,或通过简单多数表决采取最终行动。

大学,这一承载着高深知识研究与传授使命的机构,其内在结构呈现出显著的"底部承重"特性,即其运作与发展的两大基石是教师与学生。因此在伯克利分校,我们看到了其面向自我改进的评估工作具备的显著特征:教师推动和以学生为中心。比如着重审查本科、博士、公共卫生硕士和公共卫生博士的课程和核心课程是否给学生带来较好的学习体验,并需要给出后续整改建议。此外,评估的全过程都体现了学生参与、利益相关者决策的属性,如学院委员会的成员就包括每个学部一名代表(由教务处教师选举产生,其中包括主席和副主席)、本科生、硕士生、博士生三个群体的学生代表、教职工代表等。

对我国来说,目前高校大力开展学科专业自评、教育教学质量自评、学生在校体验自评,更多是基于外部评估排位的压力、上级部门要求高校必须对外发布报告的压力,其内驱力不足。伯克利分校公共卫生专业评估中,以自我问责为基调,区分外部评估观测指标体系和内部观测指标体系的做法值得借鉴。由此来看,高校在自我评估过程中,既要用外部量化评估观测指标体系观察自己,也要逐渐建立自己的内涵式的内部观测体系,而不是完全以外部观测体系代替内部观测体系,或者直接将外部观测体系细化构成内部观测体系。

第九章 评估伦理与评估文化

【核心内容】

前一章深入分析了国内外高校本科专业评估的案例,凸显了评估作为推动专业教育质量提升的关键杠杆作用。在教育战略不断演进与革新的背景下,构建一个既公正又合理,兼具透明度与广泛认可度的本科专业评价机制,已成为高等教育管理领域亟待攻克的核心议题与挑战。其中,伦理考量贯穿于评估全过程。

从评估主体的演变视角审视,本科专业评估已逐步超越传统单一政府主导的模式,迈向政府、高校、社会三元主体协同参与的新纪元。这一转变体现了评估体系的多元化与民主化趋势。然而,尽管研究与实践不断深化,我国本科专业评估体系尚处于发展阶段,面临着诸多亟待解决的难题。具体而言,权力寻租现象时有发生,侵蚀了评估的公正性;高校内部质量保障体系独立性不足,难以有效保障自我评估的客观性;而社会中介评估机构在公信力上的缺失,则进一步削弱了评估结果的权威性与参考价值。这些问题不仅触及学生受教育权益的核心,影响着家长在择校时的判断,也直接关系到用人单位对毕业生质量的评价,进而影响到大学的自主发展能力与政府在教育治理中的责任履行。因此,加强本科专业评估的伦理建设,优化评估主体的构成与职能,提升评估过程的透明度与公信力,成为当前高等教育管理研究中亟须探索与实践的重要方向。

此外,评估伦理问题也不可忽视。美国在专业评估中制定了《专业公平测试守则》,强调评估的公正性。而我国对评估伦理的关注较少,直到近年才开始有所研究。评估伦理问题包括价值取向争议、功利与形式主义、评估人员的职业道德意识等。公平性也是评估中关键的伦理问题,确保所有参评学校在评估中的权利和义务均等。此外,评估结果应能公平反映专业的实际情况,避免虚构材料和不透明的评估过程。

本章还强调了评估保护与风险防范的重要性,提出应明确评估主体的合法地位,优化指标体系,向利益相关者公开评估信息,并建立"元评估"机制,对评估本身进行评估,以保障评估的质量和伦理合法性。

综上所述,构建合理的本科专业评估伦理规范,提升高校教学评价的道德意识和伦理价值观,是促进我国本科专业评估改革和良性发展的关键。

引　言

评估是促进专业发展的有力工具,如何在教育战略的动态发展中建立一个公正、合理、透明和被普遍认可的本科专业评价机制,是高等教育管理研究的一个热点和难点问题,所以伦理问题是本科专业评估不可回避,且必须严肃面对的。从评估主体的角度看,专业评估已经从政府单一评估发展到了政府、高校、社会多主体评估的新局面。专业评估研究越来越深入,评价的理论探索、评价方法的使用和评价指标体系的建构等越来越趋向科学合理。

但是也应该承认,与发达国家相比,我国专业评估还处在发展的初级阶段,存在着很多问题。评估实践中存在着权力寻租现象,高校内部质量保障独立性差,社会中介评估可信度有待提升等问题,这些直接关系到学生受教育权益的保护、家长择校的选择、用人单位对毕业生质量的评判、大学自主性的保护以及政府在高等教育领导和管理中的责任担当与义务践履等问题。同时,还隐藏着一个更为深层次的问题——评估伦理。像美国的专业/学科评估,很多院校一开始就制定《专业公平测试守则》,其中规定:评估参与人员应保持客观公正,比如学生满意度问卷编制人员应尽可能为不同种族、性别和民族背景的应试者提供公平的试题①。而在我国专业评估的发展过程中,对评估伦理一直没有给予足够的重视,过程中仍存在优绩导向、价值弱化和路径依赖等伦理问题,导致大学评价忽略了许多内隐品质和教育事实,偏离了合目的性、合规律性、合发展性的教育预设轨道②。

本章在前述专业评估内容及案例的基础上,主要从伦理视角探查我国本科专业

---

① GIPPS C. Beyond Testing (Classic Edition): Toward a Theory of Educational Assessment [M]. London: Routledge, 2011.
② 高树仁,王鑫,吕阿丽.科学性与伦理性:大学评价的理念重申与价值整合[J].上海教育评估研究,2024,13(04):7—12.

评价在市场经济条件下现存的问题与不足,对专业评估伦理、风险防范、评估公平等问题展开更为深入的研究和讨论,探寻本科专业评价中存在的伦理问题及不规范伦理现象,提出构建我国本科专业评价的伦理规范思想,以推动本科专业评价的不断创新和发展,强化高校教学评价的道德意识和伦理价值观,从而促进我国本科专业评估改革和良性发展。

一、评估中的伦理问题

从新中国成立初期到改革开放前,高度集权的高等教育体制决定了高等教育系统相关评价的价值取向:追求绝对正义(公平)和绝对忠诚。同时,也伴随着对"能力"价值观念的厚爱和追求。20 世纪 80 年代以来,随着全球化、信息化的到来,中国高等教育也融入世界高等教育大众化、民主化改革浪潮中,中国高等教育从计划走向市场,从精英走向大众。2003 年,教育部正式确立了周期性的教学评估制度,成立了具有独立法人资格的高等教育评估中心,也标志着我国本科专业及教学评估工作开始走上了制度化的发展道路。然而,从我国高等教育评估工作的发展实践来看,评估的文化氛围、伦理精神没有规范性的体现,对于评估这种教学质量改进的形式,在其价值体系的应用中仍然存在误区与困境,社会的疑点与困惑往往集中在对政府的管理职能、评估的意义所在、评估的诚信与真实程度等伦理范畴。

(一) 评价价值取向的争议

市场经济高速发展的今天,人们对于高等教育事业的要求日益提高。我国高等教育评价出现了较多不足之处,尚存在较多需要完善和改进的方面。特别是近年来,本科教学评估之后,有许多问题,诸如,评价主体、评价标准、评价行为及评价结论的应用等都需要人们加以认真反思。其中,价值取向一直饱受争议,即"为什么评""评了到底有啥意义"的争论此起彼伏。毕竟大家都看到,在教育数量增加的同时,各大专业办学质量、人才培养质量呈现了明显滑坡,于是作为教学质量监管的重要工具,各种评估活动活跃地出现在整个高等教育系统中。各高校面临着评估带来的压力,"迎评"工作成为学校不得不接受的重要任务,在迎接评估的准备过程中,为了顺利通过并取得好的评估结果,学校竭尽全力,从上到下,从里到外,从外观到内设,从硬件到软件,砸钱翻新,力求完美。在这样为了迎评"锣鼓喧天"的繁荣景象背后,教学评估却总被贴上形式主义的负面标签,毕竟评估的结果直接影响学校招生、拨款、形象等问题,包括校领导的政绩。

也就是说,存在对评价的异化理解,导致了评估整个过程的本末倒置。比如高校学科评估"以评促建"的目的明确,反映在建设主体的认知和行为选择上理应是"建设第一重要"。然而,现实中大多数高校及学科团队实际持有的价值取向是"结果第一重要"[①]。本应"先开展学科建设,后获得评估结果"的常规顺序被异化成了"先预设评估结果,再开展学科建设"的本末倒置顺序。无疑,后者"先预设评估结果,再开展学科建设"中的"学科建设"已不是正常意义的学科建设,而可能是为了达到预设结果的所谓学科"整合"或成果"统筹"。

(二) 过度功利与形式主义引发道德担忧

受到市场经济发展和改革开放思潮的影响,政治中心向经济中心转移,刺激着人们对物质的追求与依赖,导致了经济实力与对物质的占有能力成为衡量人的重要价值标准,它使人们在生活中习惯了一切市场化、商品化,使人们的价值观念趋于功利化、形式化,道德的精神领域逐渐被忽视。但忽视并不能避免困境的产生,生活于市场化社会的人们往往也不能接受精神的荒芜和对教育道德的冷漠,毕竟,教育是以教人向善、促进人的发展,特别是人的精神生命的成长为根本目的。在市场社会中,市场化、商品化的信号容易使人们在生活中的价值观变得工具化、功利化。同时,教育的道德性在市场经济的发展中也面临着新的挑战。教育市场化、商品化、产业化等经济名词的出现引发争论;高校在与各种拉动经济增长的"工程"中发展和繁荣的现状是否稳固,高等教育评估评的是面子工程还是教育本身等问题的出现。

---

① 樊秀娣. 结果第一重要? 高校学科评估价值取向的深层反思——兼论学科评估的模式创新 [J]. 中国人民大学教育学刊,2024(03):20—31.

（三）参评利益相关者本身评估伦理水平差异

评价人员的职业特征和道德意识同样影响评价的真实性和客观性,评价人员在评价场域中的言行举止都蕴含着道德伦理观念,在利益和功利面前能否保持理性,直接影响被评价人和群体的道德心态及情绪。在实际专业评价实践中,很多造假现象的出现,以及形式主义的"面子工程"等,归根结底也都属于社会伦理现象。伦理问题的出现,导致教育评价的本质需求不能得到实质性的满足,也不能产生相应的效果,评价的信度和效度也会大打折扣。再者,一旦评价者在执行评价任务时心存偏见,或是因官僚主义的压迫及功利主义的诱惑而做出让步,忽略了应遵循的职业道德规范,这将极大地破坏评价的公正公平原则,从而引发伦理上的困境。目前我国高等教育评价主体的单一化程度较高,利益相关者"自由表达"的局面其实很难实现,因此能否进行客观的价值判断也是评价主体应注重探讨的伦理视角。

（四）评估结果与专业建设水平的差异对评估公平性的质疑

公平是保证专业评估中利益相关者无分歧的一项重要伦理规范,在高等教育评估领域,公平主要是指出台公平的评估规则,并遵循评估规则,规范地开展评估活动,使评估参与各方获得公平的内心体验。专业评估的公平至少要包含"均等性"和"非均等性"公平,任何参评学校在评估中的权利和义务应该是均等的,例如,在专业评估中,高等学校有平等参与且得到公正对待的权利,高等学校有诚信评估的义务等。"非均等性"的公平,由于高等学校存在区域差异、层次差异和类型差异等,因此在专业评估中应该不均等地对待不同专业,至少评估指标应该是多样性的,即不同区域、层次和类型的高等学校适用的评估标准应该是不一样的。而评估实现中,不排斥一些高校为了迎评,虚构材料,以及评价过程中的方式方法、透明程度、结论的真实性等等存在问题,所选取指标并不能正确映射专业发展的实际成效,这都属于教育评价的伦理问题,需要在伦理层面赋予正确的诚信价值,以此引导高等教育评价向合乎道德规范的方向正常发展。

在美国各大院校各种形式的问责自评中,同样存在评价指标难以公平地反馈实际的问题,比如基于考试数据分析的专业评估中,应试或者分数提高的指标会与教学效果直接挂钩,但是应试分数其实并不能客观反映该指标,毕竟从分数中得出任何关于课堂教学的推论都不能证明是有信效度的,标准化测试和考试也是如此。

二、评估保护与风险防范

伦理是关于人与人之间、人与社会之间、人与自然之间关系规范的总和。伦理所涉及的内容和标准随着人类文明的发展和进步不断改变。我国古代的"三纲五常"被视作当时的伦理标准,而现代社会所强调的公平、正义、民主则是专业评估的伦理要求。高等教育评估实践也正在面临越来越多的伦理挑战。例如,以政府为主导的本科教学水平评估,在保障高等教育质量的同时是否伤害大学的学术自由和大学自治?现有的学生评教在方法上是否存在侵犯学生的学习权利问题(一些学校规定学生不填写专业评估问卷就不能进行选课)?在学生评教结果的使用上是否存在对教师个人信息的泄露?社会中介评估在获取相关数据信息时是否合法合规?这些问题如果没有妥善处理,任何评估都有可能损害一些利益相关者,进而影响专业评估本身健康度和伦理上的合理性,这些都是专业评估实践中不可忽视的、也不可不防患于未然的隐患。

(一) 明确评估主体伦理合法地位

合法性(legitimacy)这一概念一般用于社会学和政治学中讨论社会秩序、社会规范等问题。早期有学者在教育评估价值分析中曾引用哈贝马斯对合法性的限定,他指出:"合法性是被统治者的首肯、社会价值观念和社会认同、与法律相关联等的三方面的有机结合"[1]。专业评估是教育管理部门作为评价主体,对专业建设成效进行社会认定,即表现为是否正确表达了相关利益主体的需要,具体包括:对待评价对象是否一视同仁?是否坚持实事求是的原则,赏罚分明?是否根据评价对象的差异性长善救失,因材施评?等等。在这里包含的合法性标准应该以规范性模式体现并约束所有评

---

① 刘复兴.教育政策的价值分析[M].北京:教育科学出版社,2003.

价行为,使所有评价在同一起点或同一法制水平上进行,充分保证评价对象的权利得到尊重和实现。现实中,为什么有的评估由政府开展,有的由社会中介组织开展,有的则是由大学自身开展;有的由专业机构评,有的则是临时委托一个项目课题组评;有的是同行评,有的是专家评,有的则是学生评等。是谁给了他们评估的权力? 他们评估的资质是否得到认可? 评估人员的伦理道德是否过关? 这些问题都需要纳入考量。当下,我国没有对评估机构进行资格认证的组织,导致一些评估遭到来自各方的非议和质疑。

借鉴国际上的成功经验,高等教育评估组织的认证体系主要可划分为两大路径:其一,政府主导的全面认证模式,即由政府相关权威机构直接负责对从事高等教育评估工作的组织进行官方认证,确保其在评估活动中的合法地位与公信力;其二,专业自治认证模式,这一路径下,由具有高度专业性和独立性的自治组织负责对高等教育专业评估机构进行认证,以专业知识与行业标准为依据,保障评估的专业性和质量。这两种途径各有侧重,共同构成了高等教育评估组织认证的多元化格局。

(二) 加强指标本身和指标制定者的伦理风险防范

哈贝马斯非常强调"承认和尊重共同的规范标准"[1]。他认为要建立起人与人之间的秩序,必须认可社会中存在的规范标准。因为这些规范标准影响和约束着每个人的行为。评价的正当与否,本质在于评价的指标体系是否反映了目标的内在逻辑、评价的技术路线和手段是否符合科学的规范、评价活动的主体是否接受过良好的科学训练,是否将所有相关的教育事实纳入主体视野,而不是带有主体个人的价值和感悟偏好色彩。因为主体的个人感悟和价值观通常被认为是造成评价结果模糊、信息混乱、影响评价结论效度和信度的内因,是应谨慎关注,并加以排斥的。评估专家毕家驹教授曾指出,精心设计问卷调查表和细心运作的调查全过程等工作都是非常专业的工作,就需要受过专业训练,且权责清晰并需要对风险和后果承责的评估者。因此,对评估人员也要有伦理要求,包括他们能否合法合理搜集评估信息,能否公平、公正、客观地进行评估分析,能否不被利益所吸引借机进行权力寻租等。因此,对评估人员进行伦理培训也是必不可少的。

---

① 刘放桐,等. 新编现代西方哲学[M]. 北京:人民出版社,2000.

（三） 优化利益相关者诉求满足为核心的指标体系

市场经济体制确立之后，政府、高校、学生三方的利益取向出现了分化的趋势，"政校分开"原则使高校成为面向社会独立办学的法人实体，在利益相关者普遍参与评估的形势下，专业评估在前期设计指标体系时就必然出现多元化的发展趋势。评价主体是评价活动的坐标，主体本身的构成代表着其做出的教育评价标准，也代表着评价体现的利益取向和价值诉求。因此，指标在设计之初，就要广泛征集，回应利益相关者的关注点，以多元化的主体满意度为核心来制定评价标准及机制，从不同的主体视角来满足各评价主体的利益需求，而非完全以教育行政部门下达的体系为起点进行简单微调后直接应用。

（四） 评估过程公开、透明并及时反馈

在评估伦理的规则下，确保所有利益相关者享有对评估信息的充分知情权是至关重要的。评估机构应秉持公开、透明、及时的原则，向所有利益相关者开放信息渠道，这不仅是评估伦理的基石，也是维护评估公正性与公信力的必然要求。让所有形式的评估活动都置于社会各界的广泛监督之下，评估过程与结果均应公开透明，以彰显其客观性与公正性。

反观我国当前的高等教育评估实践，在信息公开透明度方面仍有较大提升空间。比如只公开最终的评估结果，但详尽的专业评估过程却鲜少面世，这无疑限制了公众对评估全面性的了解与监督。同时，社会中介组织在利用报刊、网络等渠道发布评估信息时，信息质量参差不齐，也极容易造成信息传递的失真。此外，高校内部自我评估的信息透明度同样有待提高，学生等关键利益相关者的参与度不足，使得评估过程缺乏足够的民主性与广泛性。这些都是我们需要进行伦理反思的地方。高等教育评估需要全面公开评估信息，接受大众监督，这也是高等教育评估民主化的必要条件。

（五） "元评估"视角下对评估本身的问责

"元评估"是一种对评估本身的评估。在专业评估中建立"元评估"机制就是遵循

一定的原则、程序和方法对各大高校所建立的专业评估模型或体系进行审视和反思，确保评估工具本身信效度和科学度适配，保障评估的质量，只有积极开展"元评估"，我们才能发现高校专业评估实践中自身存在的问题和改进的方向。

总之，专业评估的伦理基点应该包括三个方面：一是专业所培养学生的全面发展；二是专业建设的核心价值；三是专业所应承担的社会责任，这是专业评估的伦理红线。所以规避评估的伦理风险也是从这三个角度出发，任何一项评估都要充分考虑利益相关者的合法权益和授权量级，明确其伦理合法地位。此外，评估结果如何应用等方面应该关注到"以评促建"的深刻要义在于，专业评估不是要具体去"教"建设主体如何开展专业建设，而是要通过创设一定的制度和条件，激励建设主体更自觉、能动地开展专业建设，并关注到对评估本身的评估。

三、当下专业评估实践中的其他问题

专业评估，作为一项多维度、深层次的系统性工程，其核心使命在于提供客观、精准的评估与检验服务，而非直接定性为问责工具，它只是对专业发展状况、人才培养质量、师资水平、资源配置等建设成效的检验，但当专业评估的成果逐渐成为筛选建设项目、调整院系布局及分配财政资源的关键依据时，其潜在的"竞技色彩"便愈发浓厚。我国目前实施的专业评估主要是由政府部门主导的竞争性评估，现实中过度聚焦于评估结果，容易导致评估本身被误置为专业发展的核心动力，而非辅助优化的工具，从而出现"评估反客为主"的现象。

（一）专业评价容易导致功利主义倾向

政府引导的专业评价，有时可能会倾向于更注重实际成效与利益考量，存在一定的功利主义色彩。

各级政府部门（政府教育督导机构、教育行政部门）既是教育主办者又是教育评价主体，容易导致教育评价的专业性、独立性和客观性受到影响。如果政府部门进一步将教育评价的结果与公共教育资源配置等实行"硬挂钩"，会给被评价对象造成极大的压力,极易出现政府或其委托的第三方机构怎么评,学校就怎么建,工作就怎么抓的局面①。进而导致评价实践中出现很多造假现象,以及形式主义的问题。此外,在美国高等教育体系中,工具主义与实用主义教育理念均在不同层面上与功利主义教育思想存在交集。

功利主义教育思想显著地突出了大学服务社会的职能,它主张将社会的实际需求作为专业设置与课程设计的核心导向。这一思想强调教育的实用性,即确保专业课程的内容能够直接应用于社会实践,通过紧密连接人才培养与社会人才需求,功利主义教育力求使学生所学技能与社会实际需求相契合,凸显了"学以致用"的教育理念。然而,在追求这种高度实用性的同时,功利主义教育思想也在一定程度上忽视了对个人精神性需求的关注。它可能过于聚焦于外在的、即时的社会需求,而忽视了对学生内在价值观、精神追求及人文素养的培育。这种倾向可能导致教育在一定程度上偏离了全面发展的目标,限制了学生个性与潜能的充分发展。

(二) 过分执着于绝对计量的评估方法

专业评估的本质是对专业建设作价值判断,不管人们如何定义专业价值,它终究与高深知识生产和人才的育成有关,而高深知识普遍具有复杂性、深奥性、专业性、默会性和动态性等属性,相关过程兼具独特性和生成性,成果形态既有抽象又有具象,成果和成效释放也需要一定的时间和空间,而用传统的计量手段无法全面、客观和准确地反映专业建设水平与成效。当前很多专业评估实践中,操作过程较多地运用定量方法、统一评价标准,把教学活动或老师劳动细化为权重指标进行分析评定,力图达到一种客观、准确或可通用的标准。以"数据"符号形式呈现的评估结果很容易被当作是高校专业建设绩效的绝对结果。但教育评价"以人才培养为本"的评价观,又要求专业评价的终极目标是培养高素质、高水平的人才,确保专业的人才输送符合社会发展和国家要求。

因此,专业评估的管理者聚焦"数字"、不问"内涵",容易导致现行的评估操作模式在一定程度上还在对数据和做排名,这显然与专业评估的本质特征不符。同时,单一维度、量化数值的评估结果容易被各方错误认知和不合理使用,也因此迫使高校及专

---

① 石中英. 回归教育本体——当前我国教育评价体系改革刍议[J]. 教育研究,2020,41(09):4—15.

业团队形成"结果第一重要"的价值取向。

（三）过度统一的评价范式造成人文评价的缺失

无论是教育部颁布的《普通高等学校本科教育教学审核评估实施方案（2021—2025年）》，还是上海市乃至各省市根据自身情况制定的本科教育教学审核评估实施方案，在实施过程中均面临一个共性问题——评估指标的趋同化。这一现象源于我国当前普遍采用的集中性统一化专业评估模式，该模式深刻体现了我国高等教育管理体制的特点，却未必是促进专业发展的最优路径。

长期以来的集中性统一化评估模式，作为一种由官方管理的权威机构引领的评估范式，在特定时段内对所有学科实施统一标准的衡量，旨在构建一个覆盖全国的、分专业且周期性的评估体系。这一模式能够在官方控制下促进学科间的健康竞争、加速学科建设的标准化与规范化。然而，其固有的局限性也日益凸显：它往往难以充分考虑到各高校不同专业学科的发展需求，从而在一定程度上限制了学校与学科在特色化道路上的探索个性与特色，作为高等教育创新与持续进步的核心驱动力，其被忽视或压抑，无疑对高等教育的长远发展和创新活力的激发构成了潜在障碍。而个性与特色乃是大学和学科发展的生命，因为这是创造力的源泉[①]。当前很多专业评价目标过分强调结果，就会潜移默化地引导评价对象更重视眼前利益，即在评估周期内尽可能地"展示优势"，工具化的评价指标成了在评价中指引一切的尺度，毕竟"指标"加"权重"的量化手段，在进行创新个性与人格特点等非智力因素的价值判断时也不能完全适用。

（四）专业评估沦为资源争夺的筹码

在评价的基本任务方面，我国高等教育评价主张评价为学校改进工作提供依据，为教育主管部门进行宏观管理提供依据，在评价活动中，高校始终处于一个被动的位置，评价的内在动力和活力不足。政府部门注重绩效管理没错，有关部门参考高校相关绩效评估结果来分配资源也没错，但这不代表高校专业评估结果可以被直接拿来作为资源分配的依据。专业评估的初衷不是为了分配相关资源，专业评估的结果也不能

---

① 龙洋.学科评估功能的原生态回归路径探索[J].教育发展研究,2021,41(01):4—6.

简单代表专业建设的实际成效。如何科学、合理和有效地配置教育资源，需要相关部门综合多方面因素做出科学决策，这是对管理者能力及水平的检验。相关部门过度依赖专业评估结果既是懒政，也是无能。试想，如果教育资源都向在高校专业评估中的"好名次"专业集中，就会形成"强者愈强、弱者愈弱"的局面，这显然不利于各级各类高校提高教育教学质量以及专业同行间的竞争与合作，所以机械化地让评估结果"捆绑"资源配置不合逻辑且背离初心。

（五）专业建设的生态理念的单一

价值取向是主体自觉、有目的地对行为方向的选择和把握，而专业的成果形态既有抽象又有具象，且不同专业的成效释放时间差异明显，很难保证在某个时间点、某个固定的评估周期内对所有专业进行科学的评估测量。我国的专业评估经过 17 年的发展，形成了"四年一轮"的周期。国际上，类似水平、成效、排名性质的评估，如 QS、THE、软科等均是每年开展，基于学生培养周期和科研成果的形成周期，并考虑时效性，国内形成评估周期为 4 年的评价机制，但本质上仍属于行政部门主导下的"指令型评估"。当前的现实是专业评估缺乏一个自我主导的、动态的评估机制，即以学校自评、提评为主导的评价模式，当前不管是合格评估还是专业认证，很多高校都是在收到行政通知后，被动迎合教育管理部门的"作业"，专业建设的管理者以一个"任务交付"的思维去看待专业发展，以锣鼓喧天、名目丰富的形式在评估的周期内争取较好的评估结果，而非客观地"用自己的尺子量自己"。

改革未有完成时。国家对高质量创新人才的需求比以往任何时候都更加迫切。习近平同志在全国高校思想政治工作会议上强调，我国高等教育发展方向要同我国发展的现实目标和未来方向紧密联系在一起，为人民服务，为中国共产党治国理政服务，为巩固和发展中国特色社会主义制度服务，为改革开放和社会主义现代化建设服务。立足"四个服务"，是我国本科专业评估走本土化道路的基石，是评估服务型职能的突出体现。

未来本科专业评估逐渐从"评建分离"到"以评促建"，从指标指挥棒导向到大学主体能动性发挥，从"静态评价"到"常态化过程性评价"的转变，充分体现"体用结合"，有效服务于学科建设。在未来的评估中，本科专业成效不只是简单的数据堆积，在建设的过程中有人的劳动与活动，有资源的配置与交易过程，有学科与市场的互动。